不被理解的新生代，
從發展心理學看青少年行為

樂律

青少年心理學

韋志中，周治瓊 著

探討應試教育下，青少年的心理挑戰與應對策略
深度分析發展心理學理論，並提供具體操作建議
介紹正向心理學技術，協助提升青少年心理韌性
強調家庭教育的重要性，透過案例分享實踐方法

精神需求　自我中心 × 行為動機 ×　積極環境

引導父母找出子女優勢，以「旁觀者」的態度突破心防

目錄

目錄

第五章　青少年案例分享

第六章　青少年的自我中心

第七章　青少年心理工作的路徑

第八章　青少年心理工作的策略

第九章　陪伴和支持

第十章　正向心理學引導下的青少年心理工作

第十一章　正向心理學技術的應用

第十二章　青少年心理諮商實例

第一章

青少年心理工作簡介

一、當今應試教育下的心理問題

傳統的教育採取了功利化的應試教育方式，我們往往會要求教師教授考試的知識，劃考點重點，很少採取「豐富我、完善我」的方式。

舉個例子，我督促女兒多運動，加強身體素養，但她無法每天進行鍛鍊，原因是體育老師每天都來學校，卻天天稱病，不上體育課。我分析，體育老師一定是「被生病」，因為體育老師生病，其他學科老師就可以搶著上這節課，從而將體育課讓給國文、數學、英語等課。「德、智、體、群、美全面發展」從很早就開始提出來了，體育也屬於全面發展的一部分。但現狀是，很多學校的體育課停了。

在功利化的應試教育中，智育被當作學校教育的唯一目標，德育、體育被置於從屬地位。應試教育可能導致智育目標狹隘化。應試教育從應試這一角度出發，過分強調傳授知識和技能，強調知識的熟練程度，採取過度學習、強化訓練的手段，把學習局限在課本範圍內，致使學生無暇參與課堂以外的、各種對發展智力十分有益的活動，導致學生知識面狹窄，「高分低能」。

應試教育還可能導致「優秀學生心理症候群」。在中學生中，模範生、資優生、班級幹部，在日常生活中給人們的印象是好學上進、聰明認真、成績優良、遵紀守法。但心理學家在與優秀學生的長期接觸，包括心理測驗、日常觀察、訪談以及心理諮商中發現，在這些品學兼優的中學生中，有不少人的心理發展並不健全，或者說存在著一定程度的心理缺陷。

調查顯示，百分之四十到百分之六十的優秀中學生不同程度地存在「優秀學生心理症候群」的相關特徵，其中女生比例更高。心理專家說：「他們是一群需要引起關注的特殊族群。」專家們認為「優秀學生心理症候群」主要表現在以下幾個方面。

■ 過分追求完美。一方面，對自己期望和要求過高，行為上關注細節，稍有一點事情做得不夠好，便惴惴不安，嚴重的甚至出現強迫症症狀。已經很優秀，但總不滿意；有成就，但沒有成就感，成為許多優秀學生的通病。另一方面，對他人和環境的期望過高。一些優秀學生對正常的生活環境和現象不能接受，不是抱怨周圍同學素養低，就是埋怨環境設施不如人意。他們在學校中體驗最多的情緒是不滿和不快，少有幸福感和快樂感。

■關注消極面。一些優秀學生在對自我的認知和評價上，往往容易只看到自己的不足和弱點，對自己的長處和優點卻視而不見。關注消極面還表現在經常擔心會發生不如人意或令人害怕的事、不能容忍自己的失敗等方面。

■過分關注自己的形象和別人的評價。一方面，這些優秀學生過於追求完美的特徵，這使他們總能給人留下好印象，因而他們很在意他人的評價；另一方面，他們過分關注消極面，這使他們在與人交往中總對自己的舉止不滿意，事後還要反覆考慮有什麼差錯，讓自己很不輕鬆。這可能導致他們不得不減少與別人的交往，顯得有點不合群。

此外，一些優秀學生還表現出對失敗異常敏感，面臨選擇時患得患失、猶豫不決。不少人為保持「優秀」的評價而緊張焦慮，持續的不良情緒可能會轉化成軀體症狀，如頭暈、失眠、胃痛等。

應試教育需要調整，我們看待青少年的角度、對青少年的教育和引導也需要調整，不再單一以「成績論英雄」，需要更多地關注青少年的心理狀態。

二、從發展的角度看青少年心理工作

從學校畢業後，我們的職業成長需要學習，個人家庭生活經營也需要學習，因此，我們可能會參加許多培訓班。參加這些培訓班時我們常常習慣了一種套路——「老師你怎麼還不講重點」。這是一種普遍的學習態度，重點是什麼?重點不是記錄老師講了什麼，而是老師講了之後我們能思考到什麼，是對事物的思考和看法，是一場思想交流的過程。我們不是被動的知識接受者，而是思考者。同樣，我們學習這本書，也需要端正學習態度。

青少年心理工作不僅僅限於青少年的心理諮商和治療，而是從青少年整個發展的角度去工作，要求心理輔導員站在一個人終身發展的角度，去開展青少年的心理工作。

一個青少年即將面臨會考，有失眠、焦慮的症狀，家長覺得這個孩子有心理問題，會帶孩子去醫院精神科看醫生，或者去機構找諮商心理師。醫生往往會認為這是會考壓力導致的心理障礙，因而直接對孩子的失眠、焦慮進行心理干預。

站在青少年終身發展的角度去輔導孩子是不一樣的。這個孩子面臨考試壓力出現了焦慮症狀，我們應該對他的症狀來源進行探討和分類，比如：是因為成績，是家長給他的期望太高導致壓力太大，還是性格原因，他對自己的要求過高？實際上他應該可以應對現在的問題，比如說考試焦慮，大家都焦慮，為什麼焦慮到他不能睡覺了就是病態？深究其原因，原來他不僅有考試焦慮的問題，他現在還面臨著另外一個壓力，他喜歡一個同學，那個同學不喜歡他，他感覺很挫敗，因此他想變得更優秀，但又做不到，就產生了一種無能為力卻又不得不去面對的感受，即對未來很擔心，這時便出現了焦慮。分類和結合青少年的目前心理發展階段來深究其原因，可以讓我們更全面地了解青少年真正的心理問題。

即便是這樣，我們也要區分不同性格、不同氣質類型的孩子，在不同家庭環境下，其心理素養是不一樣的。比如：兩個患有焦慮症的孩子，一個孩子的爸爸跟媽媽的關係很好，對他的想法很支持，另一個孩子的家庭關係不好，家長的支持度不夠最好再接一名結語。

我們的心理輔導更應該從個體終身發展的角度去考慮，這樣不僅可以幫助孩子應對焦慮症狀，更可以幫助他解決症狀背後的問題，同時還可以幫助他提升心理素養。

我們反思自己，對青少年的心理問題進行心理諮商，真正從終身發展的角度考慮去制定心理諮商的策略、去制定治療工作計畫的人有多少呢？我們今天之所以幫他們解決問題，就是為了讓他們以後發展得更好。

我們對待青少年能不能像對待成人一樣，根本不用治療？我的學員裡有一位老先生，我每次錄課或者是講學，只要是離他近的地方，他一定會來看我，他現在已經七八十歲了，患有強迫症。我對他的諮商就是保守的、保留的，因為他患有強迫症一輩子了，對他來說這個強迫症可能是有意義和有價值的，如果輕易地、不問前因後果地給他治好，有可能會帶來一些嚴重的問題。這位老人從三歲開始就不能用別人的毛巾洗臉，他只用一個東西擦臉，那就是他媽媽身上的圍裙。那時還看不出這是強迫症，後來出社會了，是一份很嚴肅的工作，紀律性很強，根本沒有時間去強迫自己。再後來換了工作，輕鬆了一點，強迫症又犯了。他被送到醫院去治療，治療了一段時間後好了，出院回家那天，他的女兒正在廚房和麵，聽到這個消息，高興地忘了洗手，馬上出去迎接他，結果他看到這一幕強迫症又犯了，等於白白浪費了幾個月的治療。三歲時的強迫症狀，長大後越來越嚴重，這種情況已經伴隨了他一輩子。他也不能參加別人的葬禮，否則他會嘔吐，膽汁都要吐出來。但這樣一位七八十歲的老先生，我覺得他很可愛，其實他很健康，除了這個毛病之外，其他一切都好，後來我想這個病就是他的一個支撐點，是能讓他更加健康長壽的一個重要的東西，不能輕易地被「解決」。不要輕易拿走別人的禮物，有些病症可能就是禮物，會伴隨人們一輩子，他們沒有這個病就不好了。

連生病都可能有好的一面，我用這個反向例子主要是想說明，青少年與成人不同，他們還有很美好的未來，他們的問題需要解決，但我們不能給他們在心理諮商中留下後遺症。我們要考慮到他們以後的發展，所以，這裡它就是一份工作，而不是一個單純的治療。這份工作涵蓋得更深，意義更加廣大，所以我們寧願叫它工作，而不再只是治療。另外，這份工作的性質也不同。

有位班導師跟我說：「我們班上有個孩子，他犯了錯，你說我怎麼修理他呢？」我回答他：「你先把自己修理一頓。」他問為什麼。說句不好聽的，如果你家養隻狗，狗咬了人，人家孩子被狗咬了要住院，誰給錢，讓狗給錢嗎？狗根本沒有錢，誰給錢？主人給錢才對，狗是無民事行為能力的，是主人養的狗，當然主人要負責。同樣的道理，學生也是無民事行為能力人，因為他是未成年人，你是他的老師，他在學校裡犯了錯、闖了禍誰去承擔？同樣，「子不教父之過」，不僅學校的老師要承擔責任，家庭教育中的爸爸媽媽也要承擔教育責任。

其實問題在於我們把未成年人當成年人對待了，我們怎麼能這樣對待他們呢？所以，我們往往不是從發展的角度去看孩子的問題，也沒有從發展的角度去做青少年的心理工作。我們的問題在於，總是從臨床的角度出發，覺得他有病了，就要治療他，他錯了，就要懲罰他。

我們往往有這樣一個觀念，那就是青少年是未成年人，未成年人是需要保護的，未成年人是要在我們的愛護、幫助和教育下實現他的成長和發展的。從這個角度看，未成年人產生問題，有時還不能最終定性為「問題」。

同樣的道理，未成年人得了憂鬱症，我們叫它「憂鬱症」，這個是要打上引號的。為什麼這樣說？因為未成年人還不是心智發育完全成熟的人，沒有形成穩定的人格，他們只是在發展中遇到了困難，所以，不能急於將問題定性。從醫學的角度和生物學的角度去定性也是錯誤的。錯誤在哪裡？我們需要進行探討，我們要專門設計一套適用於未成年人的心理評估標準，而不是按照成人的標準去評判，同樣也不能用成人的心理疾病的診斷標準去診斷未成年人。

當未成年人有了心理障礙，我們要去探討他為什麼會出現心理障礙。有生物遺傳的原因，如家族有精神病史，孩子可能會得精神病。而大多數孩子不是生物遺傳因素導致的心理障礙，而是因為對外部環境不適應，這種不適應是需要我們陪伴他、支持他、幫助他去適應的。因此，我們對他做的心理干預就叫工作，而不是治療。不能刻板地從病理學的角度進行干預，而是用對待青少年的一套標準去做青少年的心理工作。

三、青少年心理工作的「偏差」

我們今天做青少年心理輔導時面臨著一種固有的偏差。現在青少年工作最能吸引眼球的宣傳語是「搞定熊孩子的十個方法」、「三分鐘搞定孩子的心得體會」、「美國專家教你十天搞定叛逆的孩子」之類。孩子出問題，父母找到諮商心理師，最大的訴求是：「我的孩子怎麼了，我怎麼才能搞定他！」焦慮異常的父母，最期待的就是諮商師能夠拿出一個萬能的針劑，一「針」下去，藥到病除，孩子恢復往日的活潑快樂，聽話懂事。家長是付諮商費的人，漸漸演變成了有孩子諮商過程中的絕對話語權。

還有一個偏差是，當父母求助諮商心理師時，流行的診斷標準容易讓諮商心理師認為小孩有問題一定是家長的問題。「孩子是影本，父母是原件」、「孩子問題，父母製造」、「孩子的問題都是父母的問題」這樣的分析引導、理論鋪天蓋地，影響著全社會的觀念。一旦孩子出問題，不管什麼都是家長錯了，家長應該先來學習，於是先將家長

「修理」一頓。這些諮商師所做的是家庭教育，而不是去做青少年的工作。然而，家長也剛好相信這樣的做法，畢竟當下沒有更好的辦法使孩子「聽話」，只能自己先去做諮商。這種做法，有利有弊，但這不是青少年心理工作，而是家庭教育工作。家庭教育工作最大的弊端，是將孩子定義在「有問題」、「難搞」、「不聽話」的角色上，在此前提下指定的治療策略，自然是奔著要孩子成為「父母眼中」的好孩子的方向去的，並不能夠完全實現孩子的個性成長，解決孩子最深層的矛盾和衝突。

青少年心理工作絕不僅僅包含家庭教育、家庭治療，更為重要的是青少年本人。如果現在已經出現偏差了，必須要進行改變。青少年是獨立的個體，不是誰的「影本」，他們有自己的個性，有自己的困擾，並不單純是由父母完全決定的。無論何時，青少年心理工作的重心都應該在孩子身上，尊重孩子的訴求、了解孩子真正的內心狀況才是我們應該做的。即使需要做家長的工作，也應當先徵求孩子的同意，與孩子共同商量方法和方向，這樣的工作才能算是真正意義上的青少年心理工作。

四、當今青少年的心理需求

人民對美好生活的需求包括物質和精神兩個方面。兒童青少年的教育和家庭管理教育的需求也包括在裡面。當今的需求跟過去的需求不一樣。我們這一輩小的時候，父母鮮少過問孩子的功課，父母覺得家裡人有飯吃、孩子能長大成家立業就已經很知足了。現在的父母需求的層次已經變了，希望孩子不光擁有成功的事業，還要能夠幸福，過得愉快，能掌控自己的生活。成功和幸福聽起來很容易，但是實現起來很難，難在「發展不平衡、不充分」。過去父母的要求低，卻也要投入不少精力，白天耕田種地，晚上回家還要一邊縫製衣服一邊講故事給孩子聽。隨著父母的要求變高，媽媽的床邊故事開始有條件了，講完之後還要孩子抄寫一遍。今天的媽媽似乎更有學問，也更有「方法」，而結果卻使「需求」與「滿足」變得更加「不平衡」。然而，青少年的需求到底是什麼？

舉個例子，暑假時我將女兒安置在老家，女兒在我出差時傳了三個字「救我啊」。我心想可別出什麼事，馬上就問：「怎麼了？」她發語音解釋，姑姑將手機收走後就上班去了，也不讓孩子們下樓，表哥還是冒著生命危險才把平板電腦偷過來上網，這樣我們才有機會通話，要我將手機送過去給她。我只好勸解她，現在她有機會可以成為一個「乖孩子」，體驗表哥表姐在姑姑嚴格管教下的生活，雖然這對沒有經歷過嚴格管教的她來說太難了。

從這個例子中我們可以看到，孩子們現在的需求和過去是不一樣的，他們需要有一個可以娛樂的工具，最便捷的就是手機或者平板電腦，他們要利用這些建立屬於他們自己的虛擬世界。我曾為了女兒帶手機這件事與老師有過爭議，孩子玩手機需要正確引導，不能一概否定。隨著時代的發展，孩子的需求和他與外部的環境是要匹配的。家長不能因為擔心安全問題，害怕要付出更多、承擔更多責任，而扼殺孩子的需求。有時候我們還必須冒著一點點風險教育孩子，如果零風險、絕對安全，過度保護，孩子的成長就有可能會付出重大代價，也是會發展不好的。

青少年的心理工作，其實就是要滿足需求，所有問題的產生就是因為需求沒有滿足或者滿足得不平衡、不充分、不健康。我們小時候，穿的第一件新衣服是媽媽到跳蚤市場上花一百元買的有牌的二手衣，不管從哪裡來的，穿在身上就很高興。那時候對我們來說，物質層面的需求大於精神需求，衣服是很重要的，滿足了就會很開心。如今，越來越多的孩子不會再把衣服當成他物質需求的一部分，如果有也是一兩天，看到了新的就想換一件，而不是把它當成長期的一個追求目標，更多的是偏向精神需求。

五、青少年心理需求新舊對比

我們要了解從我們到我們的孩子，對美好生活日益成長的物質和精神的需求，到底發生了什麼改變。

（一）孩子的精神需求高於過去

一個「五年級」家長跟我說，她小時候最怕被人欺負，怕被孤立，渴望融入群體，並在群體中尋求認可，比如：在合唱團獲得獎項成為她成長過程中的精神支柱。物質層面，她喜歡的玩具是一把手槍，還喜歡照相，喜歡吃馬鈴薯、番茄，有了這些就很高興，很容易滿足，也很好哄。而到了自己的孩子這一代，他從一出生就生活在一個物質豐富的時代，只要他想，他每天都能吃自己最喜歡吃的菜，玩他最喜歡的玩具，物質的滿足無法讓孩子獲得最大的幸福感。他的需求變得更為豐富，喜歡上網，學習新的資訊技術特別快，會選擇從事自己感興趣的職業，他的需求更注重精神滿足，這對現在的教育也是一種挑戰。

當然，這樣的不平衡和差異也容易造成更多的誤會。比如：很多家長會跟我抱怨，「現在的孩子什麼都不缺，什麼都不用擔心，只要讀好書就行了，我就想不明白他們怎麼還不開心」、「我覺得現在的孩子就是吃苦吃得太少了，所以太脆弱、玻璃心」，諸如此的推測，讓人哭笑不得。

正視孩子的需求，站在孩子的角度去體會孩子的需求，而不是想當然地按照父母的想法去推測和衡量孩子的現狀，這是所有問題解決的前提。當前的青少年是對精神需求要求非常高的一代，這也對我們的心理諮商工作提出了更高的要求。

（二）過去的需求現在依然還在需要

很多家長認為自己小時候最需要的是自由和父母的認可，渴望得到他人的鼓勵。對於「自由」，以前父母不會管束孩子去哪裡做什麼，現在管束和控制得嚴格些，所以，孩子對自由的渴望也是高於我們的。像是其他的尊重、依戀需求，也都是存在的。以前依戀父母的需求可能得不到實現，但是現在的父母會更能關注孩子的依戀需求。以前父母對孩子的關注及交流方式與現在的父母不一樣，以前的父母可能會說「你這個笨蛋」之類的，當今的父母會注意不給孩子貼標籤，以鼓勵為主。

物質方面，以前渴望更好的，比如：十塊錢的枝仔冰和三十元的雪糕相比，孩子肯定覺得三十元的雪糕更好；但現在的小朋友就不會，他們不會重視特別貴的東西，貴的東西和便宜的東西在他們的印象裡不會有那麼大的區別，最重要的是喜歡不喜歡，「只要擁有了就開心」。

值得一提的是，有一個很重要的現象，就是過去的需求現在依然還在需要，比如：過去精神層面的需求，現在我們還是需要的。有人說智慧時代機器人要代替我們了，也有人認為是代替不了的。人類情感和人格精神層面是千百萬年慢慢演化來的，機器人不可能快速到達這個層面，遙遠的未來或許是可以的，但至少眼前不會。比如：在學校，化學老師可以由機器人擔任，但輔導老師就不能由機器人擔任。老師可以把所有的化學知識及題目都安裝在機器人程式裡，所以複製一個化學老師的課程就可以把所有學生的化學課都教完。但是，學校裡的心理課程，陪伴青少年學生解決煩惱的輔導老師就不一定能比照辦理，因為機器人是刻板的，與人的交流並不是真實的，滿足不了「依戀」、「愛」等情感需求。

原來有些需求現在依然有，可能是因為我們沒有充分滿足需求。原來我們的父母經濟層面的部分投入得少一點，情感部分就會投入更多一點。現在的父母將更多的精力投入經濟層面，對孩子的陪伴就少了，一些孩子明顯因為情感不能滿足而出現問題。有些父母能滿足孩子的情感需求，那麼這個家庭就跟上時代了。還有很多父母是沒有跟上時代的，實際上是因為我們的能力沒有跟上時代。

我在婚姻家庭的輔導中，常提到「心比天高，命比紙薄」。很多離婚、分手或者無法進入婚姻的人群，其實有一個心理不平衡的問題，那就是他們想要更好的生活，而這個需求沒能滿足。比如：一個人原來回家只需要有飯吃就行了，現在回家還得有人聽他說話，飯還得有味道，做飯的人還得有情感。這就是高要求了，而這個人不具備滿足這個要求的能力，這就是「心比天高，命比紙薄」。

個人並不具備滿足這樣生活的能力，這就和一個想發財的人並不具備賺錢的能力是一樣的，但同時又馬上把這個問題歸因到他人身上。因此，我們的婚姻家庭跟親子教育是一脈相承的，在對婚姻的輔導上，我們要更多地幫助他們認識自己，然後跟自己的需求相匹配，使能力與需求相匹配，所以婚姻教育就變得很重要。積極婚姻輔導是「我能做什麼」，而不是「我有什麼問題，對方有什麼問題」。青少年心理工作也是一樣的，我們的反思就在於有沒有圍繞需求，圍繞誰的需求，怎麼樣找到這個需求和不平衡點，找到了這個就好辦了，實事求是進行澄清，孩子的需求滿足了沒有，如果不去滿足，即使找十個諮商師，也沒有辦法解決問題。這就是青少年工作，把它當成工作，滿足青少年的需求。

(三) 澄清需求與滿足需求的能力

年輕的家長會有更加不同的看法，一個「九年級」孩子的媽媽跟我說，她認為自己小時候的物質追求比較多一點，想要一些衣服、髮夾、文具、書、書包、娃娃等，冰淇淋十幾塊錢就很貴了，五十元可以買到很多很好吃的零食。精神上需要和同伴在一起玩耍，需要老師的認可。而自己的孩子生活在比較富裕的年代，所以物質追求少，一塊石頭可以玩一天，不太喜歡奢華的東西，如一本書、一些自然材料就可以讓他很開心、很滿足，他更需要的是精神上的呵護——你是否呵護我、理解我、陪伴我，帶我去旅遊，還能給我自由，是否能得到老師的肯定和信任，是否有家長的陪伴和信任。

我們以發展性的視角、以工作性的性質去做青少年的工作。我們的策略就是圍繞著需求來開展。所以，對於青少年來訪者，我們可以問他，覺得在家庭裡哪些方面沒有得到滿足，哪些是合理的需求，用一個圖表表達出來，讓他自己去澄清。

現在的青少年來訪者，最害怕的就是認為我們是爸爸媽媽請來的幫手，是來教育他們的，沒有站在他們這邊。我們應該站在他們需求的角度，以此作為切入點，所以策略是很重要的，我們必須改變策略。我們的任務是幫助他們發展。

比如：一個青少年出現適應性問題，無法跟別人交流，那是他有什麼需求沒有得到滿足，或者是壓抑了什麼欲望而出現障礙。當我們找到他沒有被滿足的需求之後，再探討合理不合理的問題，而不是一開始就否定。當孩子說想要爸爸媽媽陪伴，而爸爸媽媽總不能時時刻刻陪伴。我們也要探討這個需求合理的部分在哪裡，不合理的部分在哪裡。

（四）需求與符號的意義

一個十九歲大學孩子的家長，跟我分享了一件很有意思的事：暑假孩子回家的時候，許久未見的母子倆還未來得及噓寒問暖，她第一眼就看到孩子那個「奇怪的頭」——孩子把頭髮留得很長，還紮上了一個小辮子。媽媽心裡很不舒服，看著兒子頂著那個「辮子頭」走來走去，滿口的話到了嘴邊又咽下去，好長時間只能強迫自己不去注意孩子的頭。作為一個「六年級生」，她所接受的教育和人生經驗，讓她從內心認為這樣的髮型是怪異的，她很想拿把剪刀把兒子腦袋後面晃來晃去的「小辮子」一剪刀「哢嚓」下來。但理智告訴她一旦這樣做了，十有八九會導致一場家庭戰爭，會破壞她與孩子之間的關係。為了維護家庭和諧，她每天催眠自己、告誡自己，要尊重，要接納，甚至還當著孩子的面誇獎他：「你這髮型……挺……酷的。」兒子大約也看出來母親對他頭髮的複雜情緒，但是裝作不知道，怡然自得地繼續頂著辮子頭我行我素。

這個媽媽想破腦袋都想不通，孩子怎麼會有這樣的需求，怎麼上大學還要耍酷把頭髮留長。現在的孩子到底有什麼需求？

這位媽媽的想法很有趣：不認可，但為了維護家庭和諧還是接納他。所以，當我們遇到這樣的矛盾時，到底是主動地迎上去，和而不同，還是被動地被裹挾著，半推半就地跟上時代。有些父母對孩子要求很高，等到孩子快崩潰了，父母又直接撤退。與其這樣，不如一開始就大度一點，主動迎合孩子，與孩子交朋友。

很多人實際上沒有跟上時代，像這樣半推半就的家庭還算是有潛力的。每一個孩子都會從自己的原生家庭這座山峰上越過去，超越自我。留辮子是一個符號，這個符號就是表達：我是我自己，不是誰的自己，不是誰的我。我們要盡可能理解符號背後的意義，了解孩子在訴求什麼、表達什麼、捍衛什麼，這就是文化心理。孩子不是非要留這個頭，本來他就只是借一個符號表達一下自己而已，結果我們堅決地要他剪掉，後面有可能會發生不可解除的衝突，然後導致很多的悲劇。

經過交流，我們不斷反思策略。青少年心理輔導是一項工作，它是發展性的，它不僅是家庭教育、諮商與治療。我們在試圖開創一種新的，適合青少年心理發展、心理教育、心理諮商的思想理論和路徑，我們要緊跟社會環境下青少年的需求，找到一種符合當下社會發展階段的策略。這項工作是非常有意義的，關乎社會的未來。

第二章

青少年心理健康教育存在的主要問題

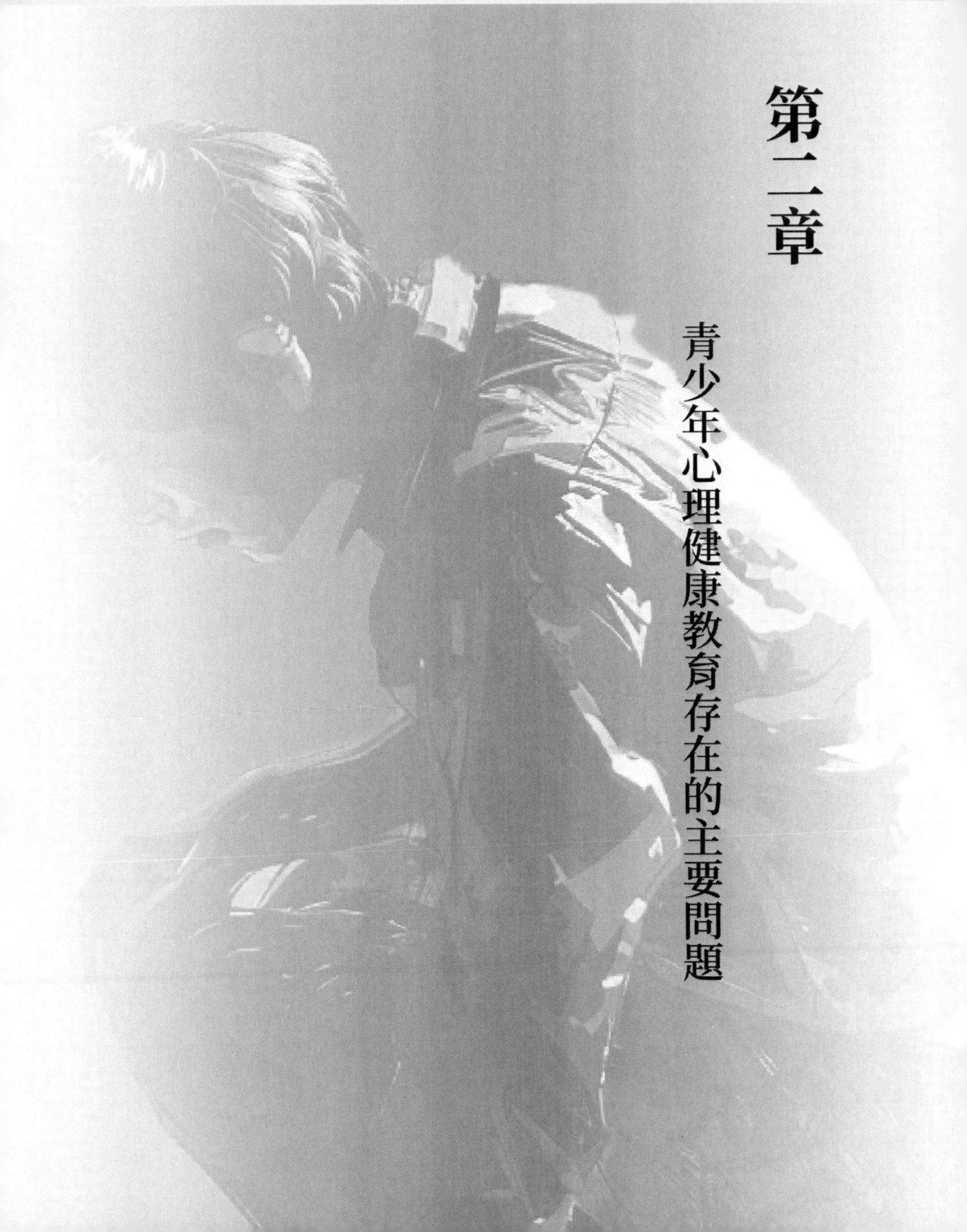

一、心理諮商與社會需求的適應性問題

近年來，人們出現心理障礙的概率較高。中小學生不同程度地存在認知障礙、情緒障礙、行為障礙、性心理障礙以及精神官能症等。有資料顯示，有明顯心理障礙的中小學生占中小學生總數的兩成。有一份對全國四到十六歲兒童及青少年的調查顯示，各類行為問題的總檢出率為12.93±2.19%。據我們的調查統計，存在考試焦慮的學生占五成以上，存在人際關係困擾的學生占三成以上，存在學習心理問題的學生占六成以上，存在青春期性心理困擾的學生更多，有些學生甚至存在嚴重心理問題和精神官能症。這說明，社會對心理諮商有很大的需求。

在心理諮商實踐中，我們也越來越感到心理諮商，特別是學校心理諮商的現狀與社會的需求相去甚遠。近幾年來，某市的一位心理諮商工作者接待了本地的心理求詢者來訪約五百人次；接待來電約兩千人次，郵件約五千封，涵蓋全國各地。不少求詢者提

供這樣的資訊：他們對心理求詢的需求無法得到及時的滿足。有些求詢者的來訪要排到下一個工作日，有些求詢者的郵件無法得到及時的回覆，有些求詢者的來電因為心理諮商專線占線不能及時通話。

就學校心理諮商情況來看，有些學校還沒有開展心理諮商工作。而有些學校雖然開設了心理諮商機構，但是人員缺乏，無法滿足需求。這也從側面說明，心理諮商有廣闊的社會需求，我們目前的心理諮商遠遠不能適應社會需求。

二、心理諮商的專業性問題

（一）心理諮商人員的專業性問題

目前，我國從事心理諮商的人員有些來自其他專業。一些醫療機構的心理諮商人員來自醫學專業，一些學校心理諮商人員來自德育或管理專業，相當一部分人員沒有接受過心理學的專業培訓。

（二）心理諮商操作的專業性問題

一種是心理諮商德育化傾向。學校心理諮商固然與學校德育有著密切連繫，但是心理問題不是品德問題，心理諮商不同於道德說教。心理諮商是一門專業性很強的工作，它有自己系統的理論、科學的方法、專門的技術。許多心理問題是不能用品德教育的方法來解決的。

在我們的心理諮商中有這樣一個案例：一個高一女生聽了同學講的鬼怪故事而發病，說她「看到」了鬼，哭鬧中教師把她摟在懷中才保持安寧。經過諮商會話，她訴說了面對進入高中後成績的下滑，自己感到難以承受的壓力。可見，她的「見鬼」是在潛意識裡運用退行作用這種心理防衛機制的表現。當運用認知領悟療法，化解了心理重壓之後，女孩的症狀逐漸消失了。可是，在此之前，相關人員卻對她進行大量的並不對症的、關於破除迷信等的「說教」。有學生來信說每到考試的時候總要上廁所，以致不能專心考試，這也不是品德教育可以奏效的。至於各種人格障礙及精神官能症，更不是靠品德教育能夠解決的。但是，在目前的學校心理衛生工作中，這些問題常常被當成品德問題來對待。

另一種是心理諮商醫學化傾向。關於心理諮商的很多研究顯示，必要的時候心理治療需要藥物治療的配合，但在心理治療中不能盲目用藥。誠如中國心理學家郭念鋒先生所說：「對於各種心理障礙，能不用藥物的盡量不用，藥物治療本身並不能從根本上解決心理障礙。」心病還需心藥醫，心理治療是一切心理障礙的基本療法。任何藥物對於心理障礙的治療只是在必要時起輔助性的作用。試圖依賴藥物，對於心理障礙的徹底治療是不利的。如果說心理諮商人員有什麼靈丹妙藥，那主要是語言，即專業化的語言溝通以及非語言的影響，這是心理諮商的特點所決定的。但是，有些心理諮商人員片面地、盲目地採取藥物治療，這會影響心理諮商的效果。在我們的心理諮商中常常有這樣的案例，求詢者已經看過幾次心理門診，吃過不少藥物。他們說，醫生進門就給你開藥，並不和你交流，吃了很長時間的藥也沒有解決問題，今天這樣和諮商心理師會話之後心病才得到醫治。可見，專業性的差距，直接影響心理諮商效果。至於目前社會上某些所謂「心理諮商」，玩弄算命先生那一套，危害的程度就更大。

第三章

當代青少年心理特點

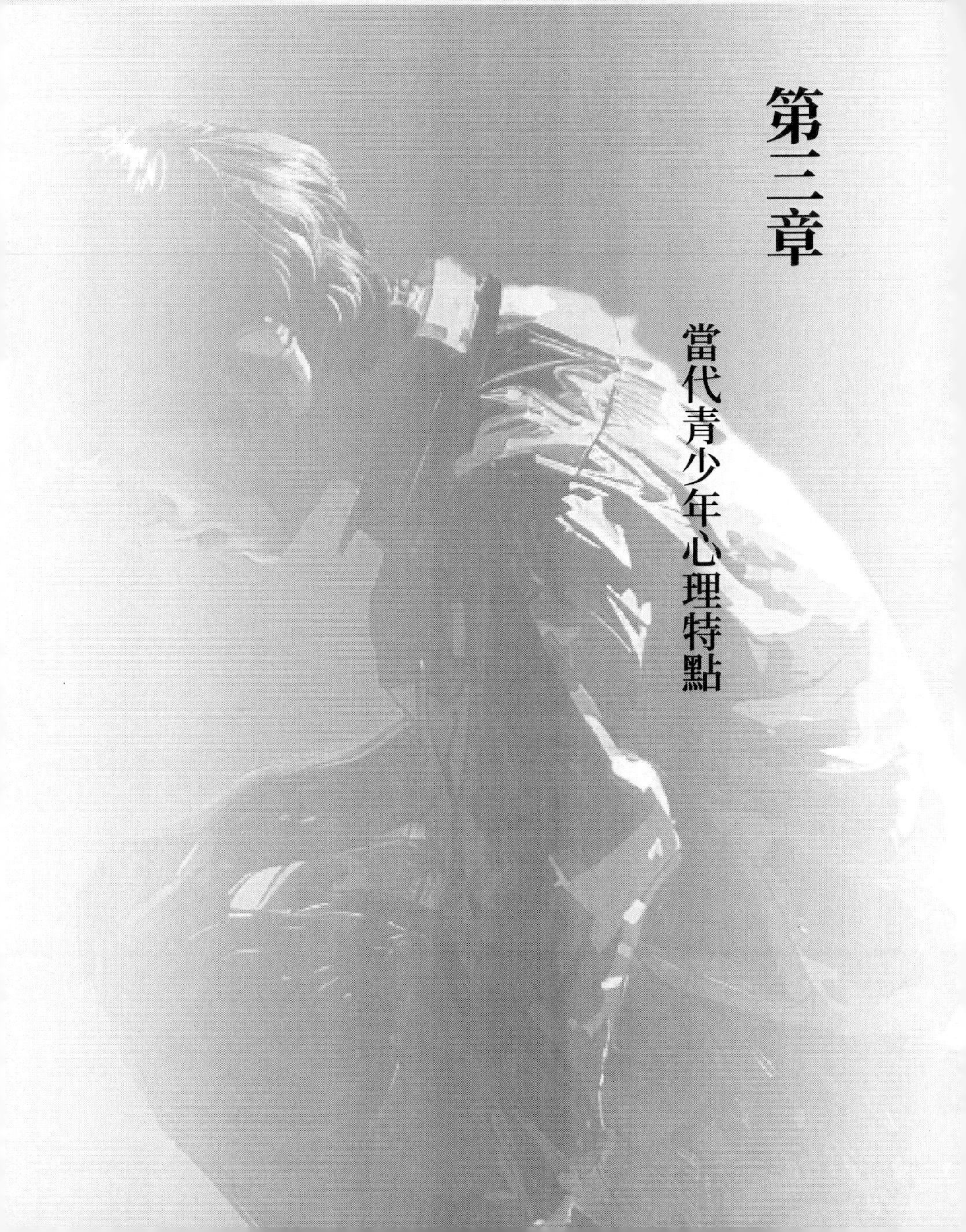

一、艾瑞克森關於青春期的研究

艾瑞克森（Erik Homburger Erikson）認為青春期展現了童年期向青年期發展的過渡階段。他提出了自我同一性等問題。自我同一性是一種關於自己是誰，在社會上應占什麼地位，將來準備成為什麼樣的人以及怎樣努力成為理想中的人等一連串的感覺。角色混亂是指無法正確認識自己、自己的職責、自己承擔的角色，主要表現為不能選擇生活角色。

馬西亞（James Marcia）將同一性狀態細化，分為四種類型：獲得型，延緩型，早閉型，彌散型。

同一性獲得，是同一性發展中最成熟的狀態。同一性獲得的大學生經過積極的自我探索與思考，已經明確了個人的價值觀、目標、發展方向和生活的意義，獲得了內在的成長動力。他們通常是思想成熟、喜歡思考的人，表現出較高的自主和自尊水準，具有較強的自我發展潛力，能對生活中的重要問題進行積極探索，主動解決成長中的困擾，主動適應外部的環境變化。因而，他們能夠不斷戰勝成長中的各種挫折，以積極的心態向人生的目標邁進。

同一性延緩狀態的學生正處於積極的自我探索之中，他們試圖從無數的可能性中對個人的職業、價值觀、人際關係等方面做出選擇，但還沒有做出最後的決斷性投入。他們往往具有較高的焦慮水準，並透過拒絕、發洩和認同來控制焦慮。此外，他們還表現出對經驗高水準的開放性。

生活中常常會見到這樣的學生，因為不知道如何為自己定位、不知道自己未來的發展方向而感到迷茫和困惑。延緩期對大學生來說是難以避免的，因為他們必須從多種選擇中確定自己的生活方式。尤其是在社會轉型階段，由於舊的價值體系被打亂，新的價值體系還沒有完全確立，青年的自我同一性受到多方面的影響，難以獲得價值觀、信念和行為的內在一致性，需要經歷較長時間的探索。所以，透過各種正規的教育制度、實習制度、職業培訓等，能夠為青少年的成長提供一定的時間，讓他們可以將內心的矛盾和困惑進行反思和沉澱，進行權衡，決定取捨，再加以整合，從而確定自己的社會角色，在社會結構中找到自己適當的位置。

同一性早閉比同一性擴散要好，處於這種狀態的學生對同一性的探索提前結束，他們沒有對有關自我發展的重大問題進行過思考，對自我投入的目標、價值、信仰反映了父母或其他權威人物的希望。馬西亞認為，過早自認是一種較低級的同一性狀態。作為同一性的一種解決方法，處於這種狀態的學生很少思考認定的選擇是否適合自己，通常只採納來自父母的唯一一套價值觀和目標體系。這是同一性形成過程中的一種中斷，是過早地將一個人的自我意象固定化，從而阻礙自我確定的其他可能性的發展。

處於同一性早閉狀態的學生具有以下特點：過分看重別人對自己的看法，極力尋求他人的認可，可能十分尊重權威；自我評價建立在他人所承認的基礎上；與其他青少年相比，較易附和他人而缺少自主；對傳統的價值觀感興趣，很少會自己思考，在遇到緊張的認知任務時，難以做出靈活的和合適的反應；喜歡有組織、有秩序的生活；傾向於與父母保持密切的關係，並採納父母的價值觀，如高考志願的選擇、職業的選擇、異性朋友的選擇等。在權威結構下，他們的投入程度比較高，往往表現得非常努力，是教師或者家長眼中的「好學生」、「好孩子」。由於父輩的價值體系往往會與現實存在差異，一旦生活的航向脫離了原有的權威系統，當以獨立的身分開始自己的人生之旅時，由於缺乏自主探索的精神，他們通常會表現出高水準的專制性、低水準的自主性和外控的行為方式。他們往往使用防禦性的自戀來維持自尊，因此在未來的成長中可能會經歷更多的內心衝突。

同一性擴散是最不成熟的狀態，處於這種狀態的大學生對自己的探索是膚淺的，或者根本就沒有過對自己的探索，並缺乏對明確價值觀和目標的投入。他們或是不能理解自己，對自我缺乏清晰的同一感，自我評價偏低，自尊心不足；或是因自我認知和別人對自己的認知不一致，而產生困惑和苦悶的情緒；或是對生活與工作缺乏熱情，生命價值迷失，難以承擔自己的生活責任等等。如果大學生自我同一性擴散，就會迷失個人方向，失去進取精神，造成精神沒有支柱、生活沒有目標、學習沒有動力，出現退縮、自卑、消極等不良人格特徵，導致人際交往障礙，甚至對社會的主導價值表示懷疑，成為社會的不和諧因素。

二、教育中的「互聯網革命」

近年來，關於青少年研究的主題越來越豐富，數量也越來越多，如心理層面、文化層面、體制、價值觀、網路成癮的研究。其中研究網路成癮的文獻，二〇一六年和二〇一七年是比較多的，二〇一八年開始減少了，呈下降趨勢。隨著智慧生活的到來，人們對「網路成癮」的看法和態度似乎沒有以前那麼「可怕」了。

過去的幾次互聯網革命（包括2G、3G、4G），其他行業都被影響了，卻都沒有撼動教育業。互聯網技術的革新改變了我們的生活方式和出行方式，如4G的出現使電子支付迅速普及，極大地便利了人們的生活。智慧教學是5G互聯網革命在教育方面的產物，然而目前還沒有普及，教師依然在黑板上進行板書。

5G時代的來臨，教育將會成為改革重點。不僅是要減少「網癮」問題，而且基本上會被解決，到最後沒有這個概念。

三、遊戲背後的心理現象

每一個孩子在他的心理發育和成長的歷程中，都要進行社會化的模仿和學習，他都需要透過在遊戲中體驗不同的角色來完成。這個「遊戲」不只是電腦遊戲和手機遊戲，還包括其他一切遊戲。比如：幼稚園的小朋友會和其他小朋友一起玩「家家酒」，或者是聽媽媽講故事。在沒有人一起玩的時候，自言自語，玩玩具，都是遊戲的一種方式。在遊戲裡，孩子透過故事體驗了角色，就學習到了許多社會技能，豐富了社會化教育。

遊戲是孩子很重要的學習方式。在如今學習的大環境下，為安全和衛生著想，孩子的遊戲項目越來越少，以前玩的捏泥巴、躲貓貓、大風吹等遊戲都不常玩了。以前因為玩遊戲打掉牙的事例有不少，但對現在的家長來說這可不得了，是必須要禁止的。在對安全和健康的高要求下，很多傳統的遊戲正在慢慢消失，轉換為新的遊戲形式。手機遊戲就是現代遊戲的一種，孩子不會受傷，設置好了能安靜地玩大半天。

我曾做過這樣的實驗。在一次旅途中，家長抱怨孩子太喜歡玩手機和電腦遊戲了，於是我們舉辦了一些家庭互動的遊戲，想觀察一下孩子能不能放下手機。當我們在玩遊戲時，孩子很願意一起參與，這說明他更願意玩真人互動的遊戲。我們不是非得喜歡互聯網，我們其實更喜歡「心聯網」，有真人在的時候，才不會選擇對著一個機器人。

這個實驗說明我們的孩子在心理發育的過程中，正常的遊戲過程被剝奪了，而他們的需求還存在，但又沒有辦法被滿足，因為父母不理睬這種遊戲需求，所以，當父母拿出手機玩，孩子也會模仿，拿著手機玩。

在青少年心理發展和成長的階段，父母越沒有時間陪孩子玩，孩子會變得越來越無趣，感覺學校的教育越來越枯燥，而值此電子產品非常豐富的時代，他們便容易沉浸在有趣的虛擬世界裡。然而，隨著這幾年電子產品的普及，大家不再認為這是一個避之不及的問題了，因為很多孩子也會透過電子產品去學習，生活中還會佩戴電子產品，如運動手環。

電子支付已成為功能性的必需工具，每天都在被使用，所以不會有人認為那是網路成癮。科學以人類文明的進程而產生，研究網路成癮的趨勢逐漸下降，市場空間也逐漸縮小。青少年工作也是如此，人民有需求，才會有市場空間。

青少年研究的主題多種多樣，對於心理學研究方面，有學者從教育學、社會學、人口學、心理學、民族學等學科視角出發，對青少年心理健康問題產生的原因、影響因素、干預和引導機制進行了大量綜合的實證研究。文化學界從新聞學、文學和社會學學科視角出發，研究新媒體對青少年次文化的影響、青少年消費次文化、青少年青春文學、青少年次文化的文化認同等；從社會學、政治學、哲學等社會視角研究青少年價值觀的變遷和中心的問題。

針對「網癮」這個主題，近年來轉向研究青少年網路成癮預防和矯治網路遊戲行為及其影響因素、網路語言生活及其引導策略。網路的開放並不是說網路成癮的問題就沒有了，針對青少年上網這部分，還是有許多要注意的地方，如設置合理的上網時間來保護視力、篩選不良資訊等。當「網癮」不再是一個普遍性的問題時，我們更應該正視網路成癮的成因及其背後是什麼需求沒有被滿足。

四、和諧的家庭關係是一堵防火牆

國外一份研究報告顯示，親子關係越差，孩子越易沉迷於網路。我們能夠理解，犯罪少年的家庭往往是不健康的，親子關係在一定程度上決定了孩子的發展。在良好的關係中，青少年樂於聽取建議。所以，親子關係是青少年心理健康發展的保障。它是基礎，如果沒有這個基礎，心理工作就不容易發揮作用。牢靠的家庭關係能有效防止許多問題的出現。當孩子在外面遇到挫折時，親子關係好的家庭，能提供一個可以傾訴的環境，也能提供支持、陪伴及幫助。

青少年的心理問題相對來說是單純一點的，不像成人那樣複雜。健康水準的浮動比較靈活，當我們嘗試與孩子建立良好的關係，真誠地去做一些工作，我們與孩子緊張的關係很快就會化解，不像成人有了問題，有時候真的不容易解決。

五、青少年行為「問題」背後的心理機制

當青少年對網路的依賴比較大時，我們常常會將這個行為問題化，認為這是一種精神疾病。但我們不能直接把青少年的行為問題化、標籤化，而是需要一個發展的角度，將這些行為正常化，將其理解為一種緊迫反應，是在非正常時期的正常表現，反映的是對外部環境的一種回應。比如：某人剛經歷過地震，表現出汗、害怕、恐懼等症狀，我們不能定義為這就是焦慮症。所以，當青少年受到外部的不良刺激，如家庭忽視、人際交往不良時，會有「沉迷網路」這些行為的回應。

一個孩子總喜歡偷東西，偷完了挨一頓打。我們不能直接將此行為問題化為「小偷、盜竊犯」，歸因為品德不好、心理有問題，我們更應該關注其行為背後的機制。

心理動力學認為，當一個人想獲得別人的關注和愛，如果用正常的方式無法獲得時，就會用不正常的方式獲得。不正常的方式如吵架，好好說話時無法建立有效的連繫，而吵架時，互相對罵就是一種溝通，用扭曲的方式滿足了溝通和連繫的需求。

對於偷東西的小孩，偷東西這個行為背後的意義和生病的原理類似。比如：媽媽一離開家孩子就生病，因為一生病媽媽就得回來。回來以後媽媽把他責備一頓，他就高興了、舒服了。所以他的行為實際上是一種訴求。當一個人故意刺激你時，他就是為了讓你回應他，若是不予理會，這個刺激就會消失。從醫學心理學看，所有的心理疾病都是有意義的。

當我們用文化心理的視角去分析時，青少年的行為都可以不叫做心理疾病，都可以不叫做道德問題，也不要叫做法律問題，而是理解為在他的心理發育的過程中沒有被滿足的需求，沒有獲得的積極回應。遇到這種情況，我們的破解辦法就是去找孩子行為背後的哪個需求沒有被滿足。如一個患有強迫症的人，用行為療法訓練他，不讓他反覆洗手、反覆鎖門，不讓他愛乾淨，效果並不好。要找到他背後恐懼的機制，有沒有被壓抑的願望得不到滿足，把這個東西解決了就行了。治標，更要治本。

類似的病態背後可以尋找機制的例子很多，比如：一個孩子喜歡虐待小動物，被發現以後被父母修理了一頓，但是沒過幾天又犯錯了。比如：有的孩子被責備了以後不能還嘴，說不過家長，沒法透過正常的說話來表達，他就有可能表現為愛發脾氣，或者是軀體化症狀，如喘不上氣來、得假性心臟病等。比如：一個孩子喉嚨得病了，無器質上的問題，就是講不出話來，或者只能低聲講，原來是因為家裡有強勢的父母，他時常處在恐懼中，正常人可以表達恐懼和憤怒，他卻表達不出來，於是說話有問題了，有苦說不出，無法吶喊心中的委屈，最後可能患上心因性氣喘。心因性氣喘是一種身心疾病，每當他壓抑時氣喘就發作了。大多數孩子的心理問題排除生物學因素，都可以從文化上尋找原因。

六、外部的文化動力因素關聯法

自一九六〇年代開始，青少年次文化因轟轟烈烈的青年文化運動而引起人們的廣泛關注。西方社會的無賴青年、光頭仔、摩登派、龐克、嬉皮士、搖滾樂、粗野男孩等諸多的次文化更多是以反叛的形式呈現於社會，所以，學者們的主要研究內容是「次文化」形式之下的犯罪、暴力、頹廢，甚至是反社會等負面的、消極的社會影響。這種研究傾向是將次文化置於主流社會的價值判斷視野下進行的，主要關注其社會影響。但是青少年次文化是在一定的歷史階段，由青少年群體自發創造和傳播的文化形式，其僅僅是青少年群體心理表達的一種文本而已，心理學家霍爾（Granville Stanley Hall）認為「它是青年人自我表現的場所」。所以，透過青少年次文化的文本解讀和引導青少年，應該是一種最為直接和有效的方式。

縱觀青少年的成長與發展，不難發現，在過去的半個世紀中，青少年次文化中的「極端」與「反叛」的表現也只有在西方特定的歷史條件下走過了十年左右的歷程，在更多時期裡，青少年是以豐富的、獨特的、多元的、新穎的、溫和的文化生活方式呈現於世人。青少年藉助諸多的次文化形式，探索出屬於自己的、被社會認可的、獨特而積極的文化，如從嬉皮士到雅皮士、從美國黑人「嘻哈文化」（Hip-Hop）到當代街舞等。青少年用一種特別的方式表達著自己對社會、人生的理解，雖然有時代價慘重，但追求生命意義的心理目標，在整體上，使青少年次文化逐漸走向成熟。反叛不是青少年次文化的目的，只是其中的某些部分發展得不協調和扭曲。

如今，青少年次文化的背後表現出來的更多的是一種溫和的文化生活，是一種新生活方式的嘗試，更是對自己未來生活世界和現實生活體驗的探索。許多曾經的「次文化」形式或內容逐漸被社會主流所接受，成為人們生活中重要的成分。比如：當年流行的粵語歌曲中，許多已經成為當代的勵志歌曲，成為人們抒發積極向上情懷的有效形式。

青少年在其涉世未深、急於了解社會和自我時，用自己的方式去重新建構一種自己能夠感覺到的、存在於內心的價值體系與精神世界，進而體驗和建構自己能夠有效適應的文化生活。儘管有些青少年次文化表現得比較極端和消極，但是諸多的青少年次文化的文本，有一點是共同的，那就是年輕人的積極行動。

當代社會，青少年次文化雖然層出不窮，但其中的主要意義是作為一代人、一個特定的年齡群體，用他們的方式對文化的變遷與引發的精神震撼的回應。美國人類學家、著名的文化心理學家瑪格麗特．米德（Margaret Mead）在她的《文化與承諾》（*Culture and commitment*）一書中指出：「二十世紀末，我們將走向融為一體的世界性文化的洪流之中，並且真正使做一個完全清醒的世界公民的夢想成為現實，而這正是人類現狀中一個十分重要而又赫然醒目的特徵。」「不論已經發生了多麼巨大的變化，如果在這一變化的同時未能創造出一種世界性的文化，我就不相信我們能夠輕而易舉地了解所有外來文化和原始文化，了解這些文化的成員們為人類文明做出的全部貢獻。」

心理學家勒溫（Kurt Zadek Lewin）將青少年稱為「邊緣人」，指出其特點是缺乏安定感、容易神經過敏和處於緊張狀態，他們常常靠自己的文化來對抗成人的主流文化，以取得某種安定感。實質上，所謂的對抗就如同心理學意義上的青少年要與父母進行情感分離一樣，是一種成長的過程，分離是為了從更深的意義上與父母保持更為持久的情感關係，沒有分離就沒有成長。反抗只是一種「空」的境地，遠離價值判斷，是在有意識和無意識之間避開價值判斷的空間進行的對話和表達，並獨立地體驗世界的意義。

解決兒童青少年的心理疾病和心理行為問題的策略，是要從文化心理上發現其原因，這也是診斷和治療的策略性。理解青少年的次文化，才能看到症狀背後的影響因素和內心需求。研究不良行為轉變成疾病的原因，可以嘗試使用外部的文化動力因素關聯法。文化動力就是外部的觀念、外部的行為、外部的氛圍以及控制行為的因素。

用一個外部的文化動力因素分析法或者叫關聯法，尋找病因、輔助診斷，從而找到方法解決痛點。這個方法仍然還是圍繞青少年的心理輔導，是以青少年為主體，而不是傳統的家庭動力調整、家庭教育和治療。

第四章

青少年心理問題反思

一、「還是別人家的小孩好」

在對青少年的陪伴過程中，社會普遍存在著一種消極思維。我們永遠不想誇自己的孩子，好像一誇他就「飛」了。我們往往不是積極地去評價他，而更願意去評價他的問題。以前考五十分的，現在考六十分，回家能獲表揚；原先考一百分的，現在考九十八分，回家會挨一頓打。這就是一種消極思維，而不是用積極的方式去對待孩子。

我在一個實驗小學做的三千人的家長會上，教家長使用積極行為的策略。我問各位家長，你家孩子有哪些優勢？一下子就問住了，「我的孩子還有優勢嗎？」家長可能心想心理專家會問孩子有什麼問題，可以分析，然後解決，而當我問到孩子有什麼優勢、有什麼積極特質時，家長就比較困惑。這是青少年心理問題中的一個社會心理文化現象。很多人盡可能多地找出孩子的問題，像傳統的心理學，以分析問題為主，而不是看我們能做點什麼。這也是青少年心理工作的刻板思維模式，即「只有最好沒有更好」

的找問題模式。所以，只要一評價自己的孩子，便還是別人家的孩子好。但家長內心也是矛盾的，只能自己說自家小孩不好，別人評價他小孩不好就不行。

二、找出孩子的五個優勢

我們做了個訪談，請家長說說孩子的五個優勢。這個特點能使他贏得什麼，比如：贏得發展上的成功，或者贏得生活上掌握的主動權，這就是優勢。一開始我們接觸的很多家長都愁眉不展，表示「想不到，缺點一大堆，優點想不到」，又或者是「要表揚孩子，覺得有點不好意思」、「不知道怎麼表達」。經過認真地思考，再三鼓勵，才收集到許多家長的表揚，家長對於這個訪談也感觸頗深。我們選擇了一些典型的表達，記錄如下。

家長A：孩子比較靈活，熱情主動，喜歡幫助小朋友，積極提問，還有喜歡和小朋友一起玩遊戲，每天都願意參與好多遊戲活動。作為媽媽，孩子，我認為你有以上這些性格上的優勢，媽媽很高興也很愛你。

家長B：媽媽覺得你非常善良、勇敢，做什麼事情都非常快，觀察事物特別敏銳。你特別積極樂觀，你跟同學的關係也特別好，特別熱心地去幫助身邊的同學和有需要的人，你也特別膽大，媽媽為你感到驕傲。

家長C：媽媽覺得你讀書特別努力、特別認真，時間管理方面也特別強，而且做事情特別執著。你是個善良的孩子，你對同學和老師特別友善，你善於幫助別人。以上都是媽媽眼裡你的優點，媽媽因此而感到驕傲、自豪。

家長D：關於我兒子的優勢，首先我想到了他特別勤於思考，還有一旦喜歡什麼就非常專注。我接著想到的一個優勢，就是他非常善良，而且有同理心，我發現好多次他能理解別人，往往能夠換位思考。

家長E：我的寶貝，我覺得他活潑可愛，然後腦子轉得特別快，反正比我好多了，然後就是好動，愛聽故事。平常也喜歡認字。寶貝，媽媽愛你。

家長F：第一是比較活潑。第二是在學校寫字也好，舉手發表意見也好，都很認真、很實際。第三就是他很會關心人。第四是有愛心，也能夠理解別人。第五是有時候他特別愛問為什麼。

家長G：我的寶貝今年十一歲了，她是一個非常聰明可愛的小女孩。我感覺她膽子比我大，因為她可以獨自上臺演講，但是我覺得我站在臺上都有點緊張。然後她的反應能力比較敏捷，而且挺有個性的，自己善於獨立思考，而且自主能力特別強，出去在外面，面對男女老少都能夠很好很快地跟大家交流。她還挺關心照顧別人的，尤其當你生病時。寶貝，媽媽愛妳。

同理心、積極主動、熱情、努力、膽子大，這些都是優勢，卻也最容易在應試教育的評價體系下被忽略。就拿同理心而言，這是一個社會人很重要的成功特質。能夠共情別人，這個優勢能使個體在生活中占有主導權，因為越來越多的人會喜歡和這樣的人在一起。這是個好特質。環境適應能力強這個也非常重要，很多孩子在外面很難跟其他人相處，即使他們成績非常好。但是，很多時候我們無法靜下心來全面看待孩子的優勢。

這個採訪的過程試圖演示家長如何在孩子面前表達自己看到的優勢，且真誠地、無條件地說出來，並不是戴高帽。家長常犯一個錯誤，當他們必須在孩子面前說出他們的優勢時，往往會變成「誇讚」的形式，誇完後還帶有條件，使孩子有壓力，覺得父母看到的優勢都是有條件的，相當於「挖坑」。我們更強調的是培養父母的積極思維和眼界，即擁有看到孩子優勢的能力。這是一個個體諮商技術，叫優勢評估技術。諮商心理師可以帶領家長和孩子一起探討優勢，進行積極的優勢評估。輔導思想就是積極地發現對青少年發展有幫助的優勢。

青少年心理工作的方法是不斷總結的，透過反思策略和路徑，以及現場交流和實操，具體的諮商方法就會形成一套體系，指導制定諮商策略和技術。

我們要有一雙發現美的眼睛，善於發現青少年的優勢，不要用完美的濾鏡評價孩子。諮商師同樣也應採取積極思維的策略，這種積極思維會帶領整個諮商沿著積極的方向前進。

三、分享做青少年心理工作的感受

家長A：我是一名教師，工作三十一年了，今年已經五十四歲了，我的孩子今年二十八歲，我自認為在教育方面還是有一些研究的，但是今天聽了韋老師講的，我才感覺找到了正確的思路。最後這一句話，我們需要一雙發現美的眼睛，給了我很大的啟發。在今天之前，我確實常常說有些孩子已經成了「問題孩子」，不可救了，實際上我的想法是錯誤的，正如韋老師講到的，孩子所有的「問題」實際上是很正常的，它不是問題，而且是有救的，而這個救的方法就是我們要用一雙發現美的眼睛，任何一個所謂的「問題孩子」，他都有美的地方需要我們去發現，這就是我的感覺。我就概括地說這一點，但是這一點很重要，我已經找到了感覺，我已經找到了挽救孩子的非常好的方法，謝謝老師。

◆點評

有時候教師或者諮商師找到的感覺，不能用語言描述出來，對自己而言感觸很深，但是對於實際工作，較難做到知行合一。我們在表達的時候可以更加確切一點，用正向心理學的思路，傳統文化中的「性本善」來指導工作，這也是符合當今的積極思維的，所以我們更應有自信。

家長B：從這個模式來講的時候，其實我們已經著眼於正向心理學了是吧？我在接個案的過程中，包括很多諮商心理師都認為，正向心理學是個什麼東西，但是當我療癒患者以後，他們會說需要正向心理學。我們在做這些青少年問題工作時，我們不再把自己的眼光局限於問題模式——不去找尋他們發生問題的原因、不去指責他們、不去評價他們，而是著眼於我們可以做什麼，我們曾經做了什麼改變過他們。這個問題就特別有力量，我們需要相信青少年的問題是發展性的問題，不要把它定性為行為問題，我感覺這很深刻。確實在做他們的個案過程中，我發現他們那種改變的力量特別強，就像韋老師說的改變他們很容易、很輕鬆，並不像成人做諮商的時候覺得好難，即便發現了、覺察了自己的模式，但是在改變的時候仍然覺得很難。

◆點評

成人的問題是幾十年前發生的事情，早已埋在地下，還去挖出來是傷害很大的。正如已經建好的房子再去拆掉重建就難了，青少年正處於房子還沒有建成的階段，我們跟他們一起去建房，這樣比較容易實現。

家長C：我寫了兩個感受，第一個是積極認識青少年身心發展特點，明白發展都是屬於中性的，沒有積極和消極之分。但是我們在落實到行動中時就開始消極了，我就是經常這樣的。第二個就是積極對待和處理青少年發展性問題，這是我們的行動方面。

◆點評

學習到的技術要融合自己的價值觀、思維、情感，沒有感受是做不好諮商的。所以，心理諮商本身就是在兩個人格形成的動力場互動的過程中使人發生改變的，用「心靈溫暖心靈」往往要超過技術。

家長D：今天聽了韋老師的講課，我在筆記本上寫了一句話——從需求著手。用積極思維的視角總結了這一句話。前一段時間，我的孩子出現了一個問題，就是自己偷偷買了一部手機，背景很複雜，我就不在這裡展開說了。當時我在我們韋老師的應用組裡求救，說怎麼處理這個問題。那天我在收拾他房間發現手機的時候，孩子沒有跟我說，但我發現了他買手機的憑證，他是偷偷買的。然後我發出求助信號之後，我們應用組的老師，包括我們在座的競評老師都給了我一些幫助，讓我能順利地處理這個問題，那就是從孩子的需求方面考慮問題，所以，我對需求這一塊感觸很深。

◆點評

心理學還是要在體驗中才能夠真的幫到人，使人發生改變。我們的教學應該讓每一個人真正地進入體驗，心理諮商更應該如此，一定是讓我們的孩子體驗進去，然後發生根本改變。我們過去的方向更多的還是在圍繞著認知，想要他們在思想觀念和行為方面上去改變，而沒有做一些對他們的滿足和環境條件的創造，或者沒有對他們進行一個接納和基本的人文關懷，這個部分我們是欠缺的，因此效果就沒有達到。

這也是當今的所有心理學工作的一個特點，我們把它叫做工作，因為它裡面包含了服務，包含了平等，包含了尊重。理念對了，那麼方向自然就對了，策略自然也就出來了，策略裡的技術方法才會產生效果。

我們過去總是先看技術，再看策略，然後是理念的部分，這裡的次序是倒過來的，明確了方向和策略以後，技術自然就產生了，那麼我們馬上就可以思考並回想出來青少年心理輔導的十次諮商。第一次怎麼評估，怎麼切入。第一次見面，不管他是爸爸媽媽叫過來的，還是他主動求助的，我們都可以和他有一個好的切入，馬上就可以談起來。不管他是被社會人際關係傷害，或者被環境塑造得很不好，我們都能切入進去，因為我們的身分發生了根本變化。所以，這樣的練習時間長了以後，你將會成為一個真正的、有優勢的青少年的陪伴者和輔導者。

現在我們有多少孩子在暑假期間去參加培訓、補習，但有很多機構都不是針對孩子心理發育所導致的問題來組織的，所以沒有弄得很好。這一塊的市場很大，青少年心理工作要成功搶占陣地，就在於我們能不能真正地做好青少年的陪伴者。我們社會中的所有人都是諮商師、家長、教師，包括我們的教育體制、教育文化、教育期待，這些都得去調整，這才是青少年心理工作必須要進行的反思。在這種反思的基礎上才有好的策略和方法。

第五章

青少年案例分享

一、案例報告

這個案例做了有大約兩年的時間，重新把它翻出來，就是為了配合我們這一次的課程。這個案例是一個真實的案例，但為了保護來訪者，基於保密原則，我稍微改動了一下他的個人資料。

首先是問題描述。

這位來訪者我替他取了一個名字，叫小A。小A是一個十二歲上六年級的男孩子，有一個小幾歲的弟弟，是媽媽來求助的。媽媽求助的問題是小A讀書動力不足，總是撒謊，愛花錢，很多時候說到做不到。學校老師也反映了各種問題，比如：上課時不停地跟同學說話、作業總是無法完成等，老師對他很有意見。

按照預約諮商時間，他們遲到了一個半小時，原因是孩子不想來，媽媽做了很長時間工作才來。來了小A手裡拿一顆籃球，左手換右手玩球，說話聲音很大，一副玩世不恭的樣子，不搭理我。

然後我就問他，說你今天過來是自己願意過來的，還是媽媽讓你過來的？其實我們都知道，媽媽勸了很久他才過來的，但來訪的這個男孩說自己願意過來。我說你今天過來想跟我說點什麼呢？來訪男孩說：「不知道，你說吧。」就是這樣的一個狀態，一種阻抗的狀態。

我說你喜歡玩球是吧？男孩說對，怎麼啦？他說話的速度特別快，而且聲音很大，顯得不友好，有敵對心理。其實我作為諮商師當時已經感覺到這樣的一個對抗狀態，因為知道他是不願意來的，能理解，但是諮商師也是人，在這個過程中孩子始終處於這樣的一個狀態，就不搭理你，不屑於搭理你，其實諮商師心裡面可能多多少少也會有一些心理活動，這是一個真實的狀態。

我接著問他，你說話總是喜歡這麼大聲嗎？男孩斜著眼睛看了一下我說，「對，不大聲說話，你能聽得見嗎？我就是這麼大聲說話的。」我說我就跟你不一樣，我不大聲說話。其實我一般情況下說話聲音本就不高，在諮商室中說話聲音就更低，因為諮商室是非常安靜的一個環境。「我說話時聲音是很低的，不注意聽的人他就聽不清。」這是我當時的原話，「不注意聽的人他就聽不清，不過所有來的人只要坐在你坐的那個位置，都會安安靜靜地和我說話，而且都會說真話。」男孩說：「說真話？」他提出質疑了，還愣了一下，然後我說是的。

說真話是心理健康的表現。一個人在小時候撒個謊，我們覺得可能是在開玩笑逗樂，有點小可愛。可是長大了就不一樣了，特別是到了青春期，心理健康的其中一個標準就是學會誠實，面對自己和別人都誠實，這就是長大的象徵。我說這句話是因為什麼？因為我在跟他對話時，突然想起來自己小時候，在青春期的時候，印象最深刻的一個想法，就是假如說到二〇〇〇年的時候，那個時候我多大，我會成為什麼樣子，我長大了又是個什麼樣子。其實越小的時候越渴望長大，這是我當時的一個想法，在那一刻突然閃現出來。我就跟他說這是長大的象徵，因為一個人總是特別想長大的，這時候男孩就若有所思，手裡扔球的速度慢慢地降了下來。

另外，如果坐在這裡不說真話，反正我也不著急，因為你媽媽是按照時間來付費的。這是我當時跟他說的。男孩說：「還要錢？你還要錢？」我說：「是，我當然要錢了。請問你上輔導班是不是要交錢？」男孩說：「交錢。」我說：「你上輔導班交錢，我是心理老師，我為你準備好了茶水，我的時間，還有工作室，憑什麼我不收錢？所以你只管在這裡玩球，沒有關係，反正付錢是你媽媽的事情。」這個男孩的表情立刻有點緊張。男孩這時的狀態已經改變了，說：「老師那你就說吧。」意思其實就是說他配合你，你說吧。我說：「當我說到收費的時候，我看到你有點緊張，是在心疼媽媽的錢嗎？」男孩說：「是啊，我媽媽為了替我報輔導班，已經花了很多錢，我還有個弟弟。其實我爸爸媽媽賺錢挺辛苦的。」說著低下了頭，眼眶紅了。我說：「你是心疼媽媽的，媽媽賺錢不容易，你真是個懂事孝順的孩子。」

我把這個案例給截取出來，跟大家分享的意思是說，孩子真的像媽媽說的那樣一無是處嗎？諮商一開始，媽媽說了很多孩子的不是，那個孩子在我面前那樣的一個對抗狀態確實不太討人喜歡。這是當時的一個現狀，可是我們都看到了，在後面互動的過程中，孩子一開始拿著球玩，一副「你願意說什麼就說什麼，其實我也不想聽就在這待著，反正我也是被逼過來」的樣子，後來一說收錢，孩子立刻緊張了，這個緊張的背後是什麼？緊張的背後是在心疼媽媽，這不是孝順嗎？這不是懂事嗎？可是孩子的媽媽在上面的問題中，描述的是孩子亂花錢，孩子不懂事，對孩子各種不喜歡，媽媽說出孩子一堆的問題。

所以，我們是說，要有一雙發現美的眼睛，發現美的眼睛的背後是什麼？實際上是我們在正向心理學中說到的，發現他人的優勢和美德。發現優勢和美德這個觀點被很多人誤解了。正向心理學不是成功學，也不是很簡單，雖然它沒有我們原來學的精神分析之類的那麼難。

發現美的眼睛是指你需要有一雙慧眼，你的那一雙慧眼可以看到別人的優勢和美德，你的那雙慧眼可以不只是盯著他的問題，也不只是天天問。比如：見了老師就問，你說我們孩子有什麼問題？孩子的問題怎麼解決？天天都是問題，天天都是想治療，想解決。但孩子的這些美德，為什麼媽媽沒有看到？那個孩子突然眼眶紅了，表情立刻緊張了，這都是情緒，這都是掩蓋不了的肢體語言和表情！這都不是假的，這才是真實的。

所以說，我們作為家長、作為父母，有沒有看到孩子的美很重要。你在跟孩子的互動中，你眼睛裡為什麼看到的都是問題？這是因為理想自我未能實現的焦慮，家長望子成龍，期望過高，甚至有的家長把自己過去未能實現的願望強加在孩子身上，希望透過孩子實現自己的理想。來訪者小A的媽媽說：「我自己上學時成績就不好，沒有考上大學，父母不滿意，總是指責我笨。一直以來我做的工作也是粗活，所以就成了心結，無論花多少錢，我一定要讓我的孩子好好讀書，考上好大學，長大後才能受人尊敬！」

這個背後可能透露出媽媽的內心中有一些東西是不被尊重的，她沒有感受到自己的這種高自尊的一個狀態，所以，她就會把這些東西強加給孩子。我們要全面地去看待青少年心理問題這個工作，我們把它定義為工作，就說明它不只是心理諮商，還有家長需要調整的地方。

我們需要面對當下的勇氣，因為逃避所以焦慮，因為焦慮所以變態。逃避、焦慮和變態形成了一個鏈條。

我透過繪畫、講故事等方式了解這個孩子，讓孩子去講，讓孩子把成長中印象深刻的一些畫面畫出來。這個思路是什麼？剛才做的一些工作，透過我跟他的互動實際上建立了很多的連接，在我們建立關係之後，我們就透過繪畫來講故事，讓孩子把他跟父母之間互動的一些畫面呈現出來，真實地呈現出來。孩子畫了好幾幅畫，畫在九宮格裡面，在這九幅畫中，孩子提到了媽媽不喜歡自己，就喜歡妹妹。

實際上他是有一個妹妹，剛才的「弟弟」是他說錯了。他的媽媽喜歡妹妹，同樣的事情，妹妹做了就不會挨罵，自己做了就會被罵。孩子說：「為什麼我做的事情媽媽就罵我，妹妹做的，媽媽就不著急，爸爸也不著急？媽媽總是說別人家的孩子都好，就我不好。我每年的壓歲錢媽媽總是要過去，我想買自己喜歡的東西，媽媽便說我亂花錢。我覺得自己不重要，如果沒有我，可能爸爸媽媽會更好，妹妹也會更好。」這句話聽起來其實是很心酸的，我想每一位父母聽到孩子說這句話都會覺得心酸。

其實這裡透露出一種觀念：「我沒有用，我在這個家裡是沒有價值的，我從來沒有被尊重過，父母總指責我什麼都做不好，我也感覺自己什麼都做不好，我像個廢物。」父母的面子就那麼重要嗎？這一點他提到他的爸爸媽媽總是把他跟別人家的孩子對比，跟他親戚家的幾個孩子對比，對比之後就去罵他廢物、沒用，怎麼就不會讀書。

這個案例，一共做了三次諮商，第二次是小A跟媽媽一起做的。在這個過程中，其實媽媽的表現剛才大家也看到了，就是各種吵他、訓他都不管用，但是孩子的想法是什麼？他認為：「媽媽的面子是那麼的重要，我就是父母的玩具。」這是來訪者的原話，這句話留給我的印象特別深刻。為什麼我專門把這個案例拿出來？就是因為孩子說了這句話。一個十二歲的孩子，他最真實的想法。「我是父母的一個玩具，他們完全看不到我的努力，總是說為什麼不能多考幾分？」

為什麼不能再多考幾分？然後這個男孩就哭得淚流滿面。後來孩子在諮商室裡面哭，哭得特別響。因為當時他諮商的時候，爸爸沒有去，我也把媽媽請出了諮商室，隔著一個玻璃的推拉門，客廳裡什麼情況外面都可以聽到，所以媽媽就在大門外豎起耳朵隔著門縫聽，當她聽到孩子在號啕大哭，就打了一通電話給孩子的爸爸，然後媽媽在外面也哭了，哭得不得了，她說：「我的孩子怎麼面對一個陌生的人，會跟人家哭成這個樣子？」

這就是孩子內心的感受、內心的體驗。家長說我愛孩子，我做了很多的事情，我想盡各種辦法，我把我賺的錢都給他報輔導班了，可是孩子體驗到的卻不是那種愛。

所以，父母發出愛的信號之後，孩子接收到的內心的體驗是什麼？他是不是也那樣想？這是需要親子之間進行溝通的，去認認真真地坐下來問問他。孩子，我這樣做你的想法是什麼？在這個過程中你想跟媽媽說什麼？我們聽聽孩子內心的聲音，才能知道孩子的內心究竟體驗到了什麼。他的體驗才是成長過程中促進人格成長的重要部分。

我們需要放下自我中心去面對真實的世界。剛才這個案例分享實際上是很簡單的一個案例，因為這個案例一共才做了三次，但孩子做完之後發生了一個很大的變化。媽媽和孩子經過兩次諮商之後，我們安排了第三次。第三次我們做了一個家庭諮商，這個家庭諮商就是讓孩子和媽媽坐下來交流，然後互動，來聽聽孩子在說什麼，媽媽在說什麼。孩子說的時候媽媽認真地傾聽，不許打擾，讓孩子說話。那麼，媽媽說話的時候孩子也認真地傾聽，聽完之後孩子突然就發生了變化，是什麼？他聽了之後知道原來媽媽是愛他的，不是像平常那樣打罵訓斥自己，孩子發現原來他的想法是錯誤的。

這個時候我說了一段話，作為諮商的總結。我說：「當一對夫妻結婚了，結婚之後媽媽懷孕了，孕育了一個寶寶，這個生命經過十月懷胎一朝分娩，『哇』的一聲之後帶著愛來到這個世界上，這是多麼神奇的一件事！這個孩子一天一天地長大，孩子的長大需要什麼？需要媽媽精心的呵護，一天一天、一點一點的精心呵護。在呵護之下，孩子在三個月的時候會笑了，六個月的時候會坐了，七個月的時候會爬了，他慢慢地開始學說話、學走路了。無數次的摔倒，媽媽依然陪伴在他的身邊。慢慢地，孩子一歲、兩歲、三歲、五歲、七歲、八歲，就這樣長大了，然後媽媽感覺一下子控制不住自己的孩子了。」

面對媽媽的叮囑，孩子一直說「我知道了」、「我懂了」、「我明白了」，我說：「孩子你知道了什麼，你願意不願意說說？」他說：「我知道了，我知道媽媽原來是愛我的，我知道媽媽原來在我長大的過程中一直對我很好，是喜歡我的，是愛我的，不是我想的那樣。」

實際上這個案例的成功，是因為他們親子間的對話帶來的親子關係的改善。突然的一個轉變讓孩子意識到了，自己的父母愛著自己，這個案例就這樣結束了。後來這個孩子回饋回來，他確實是考上了一個很好的高中。那麼透過這樣的一個回饋，我們知道這個案例是成功的，這成功的背後實際上就是尋找到了愛的種子在哪裡。

我們用一種方法喚醒了愛的種子，喚醒了爸爸媽媽和孩子之間的親子關係，他們發現原來彼此是相愛的，然後就發生了變化，走向了和諧相處。

二、案例點評

這裡面有很多值得我們去探討的話題，這是一例青少年心理輔導的案例。它不是家庭治療，家庭治療是指一個個體的問題是由於家庭的動力、家庭的不良行為而導致的，所以要對家庭的整個動力做出改變，然後使家庭中的每一個人發生改變。

家庭治療的策略跟個體輔導的策略不一樣。家庭治療是從整個群體家庭的動力去改善，最終使成員的症狀消失、問題消失。剛才的案例卻是透過把來訪者小A當成一個個體，跟我們面對一個成人一樣。在這個過程中，透過諮商方法、諮商技術，我和小男孩建立了諮商關係。

這裡面既建立了諮商關係，也運用了心理諮商的技術，那麼他是一個個體心理輔導的案例，是青少年心理輔導的案例，而不是家庭治療，這一點要分清楚。現在有些媽媽說孩子有問題，然後孩子就來了，孩子來了以後需要同時輔導媽媽。輔導媽媽的時候，最重要的是讓媽媽發生改變。媽媽是家庭關係的主導者，孩子是被主導者，媽媽改變了，會促進媽媽和孩子的親子關係的改善，進而使小孩發生變化。這是我們現在大多數人用的家庭教育的策略，跟前一種家庭治療有點像，但是由於很多諮商師不具備系統性的家庭治療的知識，因而家庭治療比較少，大部分人在摸著石頭過河的過程中，有一部分就成了家庭教育，也就是家庭教育式的家庭治療。

第一種策略就是有資深諮商心理師的指導，往往用「家庭治療」。第二種策略是用「家庭教育」，大多數人採用的是第二種策略。因為前面我在講的時候，我們說青少年心理工作，針對的主體是青少年。這既不是家庭教育，也不是家庭治療，那麼它是怎麼分出來的呢？這是我們要思考的。

換句話說，如果一個青少年來諮商，無論是媽媽帶來的還是自己來的，是教師送來的還是被強迫來的，我們都要做好青少年心理輔導。怎麼樣避免做成家庭教育、做成家庭治療，分水嶺在哪裡？

孩子是主體，就是把孩子當成一個獨立的個體，他是來求助的，我們是來幫助他的，不是來幫助他媽媽的。

一般的孩子來了以後往往直接表現出自己的意思來，像這個個案中的孩子，他把諮商師當成另外一派，除了他之外的世界都是另外一派，他自己是獨立一派。所以首先，諮商師要把他當成一個獨立的個體，和他去探討。探討什麼？探討我們成人世界裡探討的東西，那麼實際上就是把他當成了一個獨立的人，這是很重要的一個點。

這裡就要注意到，你要做的是青少年輔導，不要做著做著就做到家庭治療那裡去了，如果有一個這樣的青少年來找你尋求幫助，而你去做家庭治療或家庭教育，你就成了他媽媽的「幫凶」，當他媽媽問你，我小孩表現怎麼樣？你跟她說妳小孩還可以的，妳放心，可以改變，這就完蛋了。你就變成是幫助他媽媽來輔導他了，他會認為你是他媽媽請來的一個幫手。不是的！你要避免變成「幫凶」，還要避免進入內疚教育。

有些諮商師對青少年進行輔導時，很容易進入內疚教育中。孩子哭了、慚愧了，這個時候諮商師如果不把這個青少年當成一個獨立的個體，諮商師就會順勢去勸、去昇華。諮商師會說，你看你媽媽還不錯吧，你生在這麼幸福的家庭。這些話的背後是什麼？諮商師又把孩子當成了什麼？把他當成了媽媽的孩子，覺得他不屬於他自己，他還是屬於媽媽的。諮商師會藉這個機會去讓孩子產生更深的內疚，然後透過內疚讓孩子改變自己的不良行為，但還是沒有尊重他這個個體。

第一避免成為幫凶，第二避免內疚教育，第三避免粗暴認知，不要胡亂地給孩子一些壓迫性的或者是認知性的方向，讓他發生認知改變。因為青少年是人格沒有健全的人，實際上他們很容易被我們植入一些觀念和思想。有一些教師到學校裡去講課的時候，拍著胸脯，讓那些小孩都哭得不得了，哭了以後向媽媽道歉，然後還要「孝敬媽媽」，給媽媽洗腳。

那就是內疚教育、粗暴認知。所以諮商師在工作中要避免這三種錯誤的方法。而想要避免這三種問題，就要建立在一個基礎上——把他當成一個獨立的個體。孩子是你的客戶，是你的服務對象，是你的諮商對象。這樣邏輯就明確了，這是一個青少年心理輔導的案例，而不是我們傳統的家庭治療，也不是現在比較流行的家庭教育。

如何去區分？就是把他當成一個獨立的個體，就是為他服務。無論他是不是自己付費，無論他是媽媽叫過來的還是怎樣的，是他需要幫助了，我們來幫助他，而不是幫助他的媽媽進而幫助他，也不是幫助了他之後間接地去幫助他的家庭，而只是幫助他。如果做到這一點，就要有三個避免。第一，避免掉進「幫凶」的角色。第二，避免掉進內疚教育的教育者的角色。第三，避免掉進粗暴認知療法的諮商師的角色。避免了三個「掉進去」，就可以保住他是當事人的基礎，你跟他是平等的諮商關係。

如果你跟他是平等的諮商關係，那麼他就是你真正的一個個案，是一位來訪者。在這裡，不存在法律上的他是不是獨立的個體，也不存在道德上的他是不是獨立的個體，他就是一個獨立的生命，他就是你的來訪者。這個恰恰是我們今天要講的，青少年心理輔導要走出一條不受家庭治療影響的，也不受家庭教育影響的路，而是青少年個體的心理輔導。諮商心理師跟家庭的界線是分明的，如果諮商師跟家庭的關係太近，如在家長的意志下工作，而不是站在青少年的角度工作，那麼諮商師就變成了幫凶。

從這個個案來講，是來訪者的媽媽對自己的人生沒有掌控，產生了焦慮。這種焦慮是源於她不能直面問題，沒有能力直面問題而選擇了逃避。請注意，我說的是廣義的逃避，當我們在人生的路上，在生活中，無論是在家庭生活中、在教育中、在工作中、在關係相處中，還是在事件的處理中，當我們面對不了時，我們往往會選擇逃避。逃避的方式有很多種，比如否定，比如把它轉換成另外一面，只要自己不去面對，或者只要是能夠達到我不再因為這件事情而產生更多的焦慮的目的。

這種情況實際上是，父母面對正在長大中的孩子，與自己內心裡理想自我未能實現而產生的衝突。這樣的一個事件化解不了就「嫁禍」於他人。隨著孩子慢慢長大，孩子就變成父母要去進行理想自我實現的一個工具，可是父母為什麼要逃避呢？因為孩子的內心世界他們沒有本事打開，他們也沒有辦法陪伴孩子，也沒辦法傾聽。這就是事情本身，但他們做不到。

因為父母的內心沒有實現理想自我，沒有實現這種內在需求的能力，他們無法去化解，所以不得不把它安放在自己的孩子身上，這已經形成了一種定式，他們看著自己的孩子痛苦，但無能為力。對孩子的不良行為選擇了逃避，這是緩解焦慮的一種行為，他們緩解焦慮的行為不是朝著孩子健康成長的方向去的，而是病態地實現自己的私利。

良性的行為，應該是像諮商師一樣，在諮商室裡和孩子對話。「孩子，我看你那麼痛苦，你跟我說，是不是真的覺得媽媽對你不好？」這是因為媽媽在跟孩子交流時帶著太多自己化解不掉的東西嗎？即便是這樣，我們也不要用家庭教育的策略去讓他的媽媽改變，因為我們做的是青少年心理輔導，我們不管其他的，就輔導這個少年。實際上諮商師要做的是像面對成人一樣的諮商，也就是扮演了他在現實世界裡面溫暖的客體。給他溫暖、給他愛，就足夠了。前提是要展現完全的尊重，以及平等的對待，用你的接納和真誠讓他意識到自己是一個獨立的個體。整個案例用的最主要的技術就是真誠。那麼真誠技術是怎麼用的？

顯然我們都知道諮商心理師的基本技術就是真誠溫暖、傾聽技術、重複技術、積極反應。那麼這個真誠怎麼是一個技術？真誠就好了，真誠裡包含真實。你會發現我在諮商過程中的一個策略，一直在做一件事情，就是試圖讓這個男孩回到真實的心理體驗中來。你想你做成人諮商的時候，來訪者說起自己悲慘的事情，好像講別人的故事一樣，那你是不是也得想辦法讓他進入情境、進入真實的體驗？這便是第一個問題，你允許他真實嗎？這個是很重要的，為什麼他在媽媽面前不真實？因為媽媽不允許，媽媽的不允許，不光是態度上的不允許，媽媽的能力也是不允許的，因為他一真實媽媽就受不了，媽媽不願意面對是媽媽的態度問題。就好像我們跟一個人說說真心話，因為他承受不了真心話，所以不能告訴他，你一告訴他他就崩潰了。這個孩子就是處於這種情境，不能告訴媽媽自己怎樣才是真實的。

所以，實際上是媽媽的心理資本不夠，我們成人的心理資本不夠，而讓我們的孩子替我們「背黑鍋」。假如說你是一個開明的媽媽、心理健康的媽媽、通透的媽媽、沒有焦慮的媽媽，你的孩子怎麼會不真實呢？你可以問問自己，你允許他真實嗎？你有真實的條件嗎？諮商師有，如果他已經掌握了真誠這個技術，他一定是有能力允許真實的。允許真實是什麼？像一個能夠允許真實的諮商師，他聽到什麼都可以讓它們坦然地從內心經過。

我們在做諮商師的訓練考察時，我們要問學員一個問題，如果你遇到一個打自己爸爸的來訪者，剛打完就急匆匆地來輔導。你現在告訴我，你心裡對這個來訪者有什麼看法？諮商師要是說「這種人渣，如果是我的孩子我就揍死他」，好了，你不用做諮商了，你變成什麼了？你變成人家的爸爸。你變成道德審判官了，諮商心理師不是道德審判官，而是一個傾聽者、陪伴者，是一個與靈魂對話的舞者。

你自己不具備允許真實發生的條件，你就沒掌握真誠技術。所以，真誠是人格技術。真誠不只是一個方法問題，真誠包括真實，真實的第一步是允不允許，有沒有能力允許。

如果諮商師具備真誠，掌握了真誠技術，那他第一步就成功了。如果他不允許真實，男孩一說真實的東西出來，嘗試著表現一下，就已經被諮商師完全給教育回去了。在諮商中、在傾聽中、在對話中，只要超過三次沒有得到真誠的回應，這一次諮商就注定失敗了。來訪者內心對諮商師就再也不可能信任了。我們通常把這種表現叫做阻抗。所謂阻抗，就是來訪者已經對你蓋了章了，知道你不是一個能接受他的人、能懂他的人。所以，我們要允許真實、期待真實。

期待真實，我們諮商師稱作好奇心，不是獵奇心，而是你很想聽聽他的故事，是分擔他的憂愁的一份期待、一份好奇心。所以，期待真實，允許真實；期待真實，發現真實。因為他在表達時，他還沒有看到的情感，你幫他看到了。「我看你剛才說到媽媽也要出錢的時候，你好像手在抖了」，跟以前不一樣，我們可以把它叫做描述技術，或是此時此地技術，但實際上這是什麼?這是你發現了真實。

來訪者就會明白，我怎麼是這樣的，我本來以為我好恨我媽媽，原來我還是很愛我媽媽的。允許真實、期待真實、發現真實，同時你又表達真實，這就是真誠的技術。至於真誠這個技術是怎麼用的，我來把它詳細地解開。表達真實是什麼？「我看到你這樣說，而且在這裡哭，我心裡也痛。我覺得你作為一個孩子來說真的很了不起。如果你是我的孩子，我會覺得驕傲。」這時候已經不只是技術了，是你把當下的真心體驗告訴他了。這是到後期，真誠的技術用到一定的時候，這個男孩會被一下子共情到了。

我們就嘗試性地把真誠技術是怎麼發生的、怎麼起作用的說清楚了。當你表達真誠時以及真實地回應、互動時，一切都是真實的。這時候會發生奇蹟，就像這個孩子所有的症狀都不見了。我們以前說他不講理、不說話、喜歡發脾氣，這些都沒有了，症狀全消失了。

為什麼呢？我們要先知道症狀是什麼東西。我們前面有講到，症狀是文化動力的產物。症狀是掩飾真實、代替真實，臨時應對外部壓力的一種策略，它是個體的策略。你允許他真實了，你發現他真實了，你幫他表達了真實，你回應了他的真實，你現在完全地完成了真誠這個技術，他享受到和你之間的這個技術帶來的這種體驗，他完全成了一個真實的孩子。他可以哭，他可以委屈地、放聲地哭。這就是真誠的力量！所以，真誠是不簡單的。那麼媽媽可不可以做到這一點？如果媽媽做到了，哪裡需要請諮商師？這個案例裡我用了真誠技術，成功地完成了青少年的心理輔導，而這個孩子的內心是如何改變的呢？

真誠技術怎麼發生作用的？它和成人的諮商是一樣的。首先，有一個切入點，打破他原來的那種防禦模式，用一個顛覆性的思維，然後建立諮商關係。其實我不經意之間已經表明了，我不是你媽媽派來的，我就是一個諮商師，你媽媽付錢給我的，我跟她根本不是親戚，你也不用叫我叔叔或阿姨，我是諮商師，我是收錢的，很現實的。這就是把關係給擺好了，既然收錢那就聊，不然多可惜。孩子也是這樣算帳的，所以關係一下子就建立起來了，然後進行表達澄清。澄清什麼？我們不是做家庭教育，不是幫助他澄清媽媽是愛他的，而是要幫助他澄清心裡的體驗，澄清發生在他身上的事，澄清他自己真實的感受，是他宣洩、他哭泣、他表達，最後讓他重新去認識自己和媽媽發生的事，重新認識自己的體驗。

最後一一地轉換確立價值，跟成人諮商是一樣的。所以，掌握了這些技術，去做孩子的工作是比做成人工作還要容易的。成人的面具底下已經積了很多灰了，而孩子是正在建設中的，所以工作相對更容易一點。

三、實操技術分享

一個新的問題來了，作為兒童青少年輔導的諮商師，除了要在技術上擁有真誠、傾聽、積極回應外，還要具有幾個技術以及諮商理念。我們前面說的理念是正向心理學的以人為本。諮商中，在人格的特點上，有沒有不同？有沒有哪類人格會更好一點？個人的人格特點與這一類案例的成功有什麼關聯？思想的堅定、情感的柔和，諮商師的人格裡要具有溫暖的成分。

所有的孩子在內心裡都有一個理想的媽媽，一種堅定而溫暖的力量。作為一名青少年心理輔導師、諮商心理師，這是我們必備的諮商理念。

家長A：我感覺我作為媽媽需要改變和提升的地方就是要讓孩子感受到我的力量。過去我可能把自己包裹得比較厚一些，讓他感受不到我的力量，甚至出現了他想要保護我的情形，這是我需要改變的第一點。另一個就是我要去關注他，可能之前我忽略了他很多，再一個就是要在尊重他是獨立的個體這一方面去深刻地反思一下。有時候我甚至覺得他是我的附屬品，是我擁有的一個什麼物件，這樣對他是不公平的。我要接納他，接納他身上別人可能認為不完美的地方，然後把接納的感覺傳導給他，讓他知道我認同他，他做得不夠好的地方我是能夠接納的，可以陪著他去做得更好。這是今天在課堂上我想表達出來的，也是想讓他知道的。

家長B：我是新家長。分析一下個人優勢，即作為青少年輔導師的優勢，我覺得我自己有一個基礎，因為我本身是比較愛說話的，EQ比較高，在很多場合中，各種年齡層次的孩子都覺得我能跟他們溝通得比較好，所以，這是我自己個人的一個基礎，我覺得有共性基礎很重要。另外是人格的魅力方面，我喜歡跟人說話，願意耐心傾聽，這就具有一個基本的作為女性諮商師和母親的最溫和的力量，我樂於跟大家分享，特別熱情地對待各位家長，這個也比較重要。

家長C：我覺得我是一個特別積極樂觀、行動力很強的人，愛心也很足，我很善於發現我家孩子的一些行為表現和背後的原因，善於真誠溫暖地傾聽、重複、積極反應、描述。再者，我發現我也很善於表達愛，就是喜歡把愛說出來。目前為止，我和我家孩子的關係非常融洽。我需要提升的地方是什麼？讓自己有更多的理論技術和方法，因為人是第一技術，我計劃把自己打造成一個最重要的技術。

家長D：作為諮商師要把握好兩個關係。第一，當孩子來的時候，我們到底是站在父母那邊還是孩子那邊，誰是我們的服務對象？這個很重要。第二，作為一個諮商師，實際上我過去說收錢的時候總是不好意思，特別是面對熟人和朋友的時候。但是收錢也很重要，這是擺在我們諮商師面前的一個重要的問題。

◆點評

成長無止境，家長也需要不斷學習、成長。每一個學習者在不同的階段其追求不同，從一開始關注自己的問題、關注自己的生活，然後慢慢關注自己的專業，每一個階段都有一個螺旋式上升，需要不斷地攀登和追求。

諮商師、家長，都要有面對的勇氣。我們需要放下自我中心，去面對真實的世界，一個真實的外部世界，它包括孩子和我們自己在內的社會環境，還有就是我們內心的真實世界。

第六章

青少年的自我中心

一、自我中心的來源和定義

（一）自我中心主義的起源

自我中心主義，是瑞士心理學家皮亞傑（Jean Piaget）所提出的概念。自我中心主義具體是指嬰兒在判斷和行為中有受自己的需求與感情的強烈影響的傾向。嬰兒很難離開自身的主觀感情去對事物、情境和人的關係進行理性的思考，他們主要是根據自己的主觀印象來推理他人的意圖而回答問題。皮亞傑把嬰兒這種思維特徵叫做自我中心主義。他還認為，在嬰兒出生後第十八個月時，就會發生一種普遍的「脫離自我中心」的過程。這時兒童的身體、動作就必須參照其他一切事物，以形成對它們客觀關係的了解。

（二）自我中心主義與個人主義的不同

在這裡值得一提的是，自我中心主義與個人主義還是有很大區別的。個人主義有兩方面的含義：一是指個體主義，即從個人的角度追求利益、自由、權利等方面的內容。二是指自私自利的利己主義。在利己主義中，個體把個人價值看得高於一切，把自己的利益置於社會公共利益和他人利益之上，為達到個人正當或是不正當的目的，甚至不惜損害和犧牲社會公共利益和他人利益。

而與此不同的是，自我中心主義的根本原則在於，無論善與惡、好與壞、是與非，全都是主觀的、自我的評價。也就是說，自我中心主義並沒有統一的評價標準，都是按照自己的主觀意識、心情好壞而產生的評價。其次，它強調人都是孤獨的個體，人與人之間的關係是「熟悉的陌生人」，就如同現代社會中，鄰居彼此之間往往非常陌生，在工作、生活之餘，從來不互相走動，即使發生什麼大事，如生病、死亡等，也並不是鄰居先發現的，而是社區人員發現的。這就是自我中心主義給現代人帶來的人際關係的疏遠。

二、文化引發的「自我中心」

自我中心，這是影響我們目前不能與時俱進，影響著我們的家庭發展、我們的親子發展、我們的孩子成長的一個很不好的思維方式，甚至可以影響人類社會的進程。例如沙文主義、人類中心主義，實際上種族歧視也是一種自我中心主義。自我中心開始蔓延到各行各業的各個領域。

西方人和東方人有一些差異，相比較而言，我們更在意他人的感受，現在兩種背景下的人一樣都遇到問題，但不能說是我們的群體遇到問題了，即使我們每個人都要自我。

這個說法只對了一半。因為這個自我裡有一部分的內涵是自由。自由是什麼？自由是一個人獨立於外界的精神，自由不是說外面的世界不讓我做，我就非要去做這件事情，你越不讓我做我越要自由，要衝破現有的規則，這個不是自由，這個叫反叛。自由是自己內心有獨立的觀念和思想，有獨立的價值追求和意義追求，我維護我這種追求，即使在外部還不允許的時候，我內心依然還在堅持。

三、成人走出「自我中心」

在青少年心理輔導上，我們允不允許我們的孩子是一個精神獨立的人，這個便是我們青少年心理輔導能否成功的關鍵。也就是說，我們要有意識地守護孩子的心靈家園，幫他建立獨立自主的精神自我、人格自我，讓他成為一個珍貴的人，因為他要追求珍貴。我們不需要更多外在的東西，我們要追求獨立，所以今天很多孩子的問題，就是他們在追求精神獨立的自由人格的過程中，遇到了挫折。

全世界都在呼喚自由，我們卻沒有給他們自由。我們要在這方面做一些工作，讓他們有獨立的人格，有珍貴的精神，要比我們珍貴，這意味著什麼？意味著說十年以後，二十年以後，三十年以後，他們將在自己的人生道路上奮起發展。

而他們現在在過第一關。他們快樂地出生，走到我們面前，還將繼續向前走，但我們把腿伸著攔住他們不讓他們走，還挖個坑讓他們掉下去，掉下去還問服不服，這就是成人非常自我的方式，必須摒棄。

世界正在不斷地發生變化，我們的孩子面臨著巨大的發展機遇，我們要把眼光放得更遠一點，要以開放的心態允許孩子在這個世界上自由地行走，怎麼能還沒到我們這一關，就已經把他們給「灌醉」了呢？我覺得這有點搞笑。這不就真的太糟糕了嗎？所以，我們要與時代同行，要以一種更大的氣魄、開放的胸襟、長遠的目標，去看待我們孩子的成長。對於青少年心理輔導，作為諮商心理師，我們做的不僅僅是心理的工作，還是幫助青少年全面發展的工作，我們做的是奠定他們將來走向社會、走向未來、掌握世界的一個工作。

假如說我們作為諮商師，輔導的孩子以後都在這個世界上成為各行各業的菁英，那是什麼概念？無論我們是一名輔導老師，還是輔導機構中的一員，或是作為家長本身，我們都要放開，讓我們的孩子去追求自由。當然這個自由就是我剛才說的，讓他在人格上獨立，不能隨便侮辱他，不能隨便壓迫他，不能隨便控制、敲詐他，把我們黑暗的雙手收回來。

我們作為心理學工作者、教育工作者，青少年的工作尤其重要，近年來，國家有許多教育政策都是圍繞著青少年工作進行的，以幫助青少年達到全面發展的目標。

四、青少年的「自我中心」

青春期早期，也就是十一二歲以後的少年迎來了第二次發育高峰期，自我意識也緊接著高漲。青少年產生了一次覺醒——從兒童時代對師長權威的盲目服從到對自我權威的重視。他開始重新思考世界，思考自我在世界中的存在價值。他的情緒隨著周圍人的眼光而起伏，總認為自己在一個舞臺上表演，所有人都在觀察著自己。他為這些「假想的觀眾」而魂不守舍，希望受到每個人的喜歡和讚揚。其實，在青春期，每個孩子更關注的是他們自己，根本沒有那麼多心思來互相觀察。所以，那些只不過是少年假想的觀眾。青春期閉鎖性和自我中心的到來，是邁向成熟的自我意識的一個必經階段，是青少年從不平衡走向平衡、從不穩定走向穩定的重要階段。這一階段也帶著一些孤獨的特點。

一個成長中的自我，比任何時候都認真、執著。而這種感情如果過於執著，則可能在人際交往等各方面造成偏差。從青春期早期的性的萌動來看，十一二歲的孩子告別了男女生極端疏遠的性蓄期，第二性徵開始萌動和成熟。對喜歡的異性的感受等新鮮的性體驗，不知該對誰訴說，只有將一切寫進日記本裡。他們將對異性的憧憬上升到精神的高度，在唯我的孤獨中嘗試著從異性那裡獲取一點點的溫暖。

青春期早期，青少年的「假想觀眾」的自我中心心理若調整得不好，會引得青少年產生社交障礙。有些青少年覺得自己不夠討人喜歡、不敢見人、遇事畏縮、極度自卑。這種心理偏差擴散到青少年生活的每一個領域，會導致連鎖性的反應。青春期早期，孩子易將個人的思想、情緒、心理感受擺在無比重要的位置，容易覺得別人都不了解自己，而忽略別人的感受，變得孤僻、清高，或者強加個人感受給別人，在考慮個人和考慮他人時，顯得既片面又極端。

在認知上，青少年內向型思維較為豐富，注重內心世界較多，關注現實生活較少；認知上還未擺脫具體形式思維的主導地位，看問題較表象、偏執；容易以別人的意見觀點為轉移。由於不能從正反兩面看到某些社會現象的本質，容易產生從眾行為（如追求名牌、明星崇拜等），易被不良社會風氣沾染，在行為上出現偏差，如沉溺電腦遊戲、賭博、拉幫結派、偷盜、搶劫、翹課等現象。在情緒上，青少年處於第二次發育高峰，激素在身體裡異常活躍。他們的情緒十分不穩定，遇事容易衝動，在和師長、同伴產生矛盾時，常常不能心平氣和地處理問題，容易和師長爭執，表現出叛逆行為。從各方面來看，青少年自我中心的思維既有積極的意義，又給他們帶來了一定的困擾。著名發展心理學家羅伯特．凱根（Robert Kegan）說：「自我中心的唯我性思維最終要向人際平衡性思維轉化，我們不但要引導青少年了解自己的需求，更要善於協調自身需求和他人需求之間的矛盾，學會站在他人的角度思考問題，兼顧到他人需求的滿足。」

男孩或女孩在青春期的早期都會出現這種情況，就是突然之間喜歡把自己給保護起來，不太願意跟大家分享內心想法，以前可能什麼都說，現在突然就不說了。因為不說，這個時候他也許需要自己消化自己的認知，運用他所擁有的知識，但又不能解釋自己正在遇到的問題，他就會產生心理上的壓力，或者是一些錯誤的認知，進而導致心理上的困惑。

比如：某個男孩經常有自慰的需求，他不會告訴別人，但是他又不能確定這樣的頻率是不是一種病，於是他可能會上網搜尋這樣會不會使身體不健康，是不是不道德的，那麼他心裡就會產生壓力。這對他來說是發展中自然會遇到的問題，除此之外，還有社交統一性的問題，還有一些跟父母的關係問題，這些都是自我的變化，是在發展中遇到的正常的困擾，過了這個階段就沒有了。

他面臨著超越、面臨著要進行自我管理，一方面外部的環境期待他，期待他變得更好、更優秀，他也願意接受，並且能夠回應外部環境對他的要求，但另一方面他又無法約束自己，他的自立能力不夠，自我管理、自我規劃也不夠。所以，在這一時期，我們對他的幫助就變得很重要。比如：有一個小孩，他跟他媽媽說，妳能不能管一下我，但是媽媽管他的時候，他又不讓管，進而發生衝突，此時他心裡是矛盾的，他想要實現的目標大過他實際的能力，這個時候就需要外力給他一些幫助。

但往往在這個時候，我們給他的支持可能是不夠的，也缺乏恰當的方法。比如：孩子從國小進入國中，或從國中進入高中，讀書的壓力更大了。就好像我們換了一間公司，在這間公司裡工作比原來更累了，我們就被打亂了。這個時候，我們需要去適應，要趕快找到比過去更加有效率的方法。這個方法誰幫孩子去找？還要他自己去找。但家長可以去協助他，指導他做一些讀書方法方面的訓練，這是有必要的。

第七章

青少年心理工作的路徑

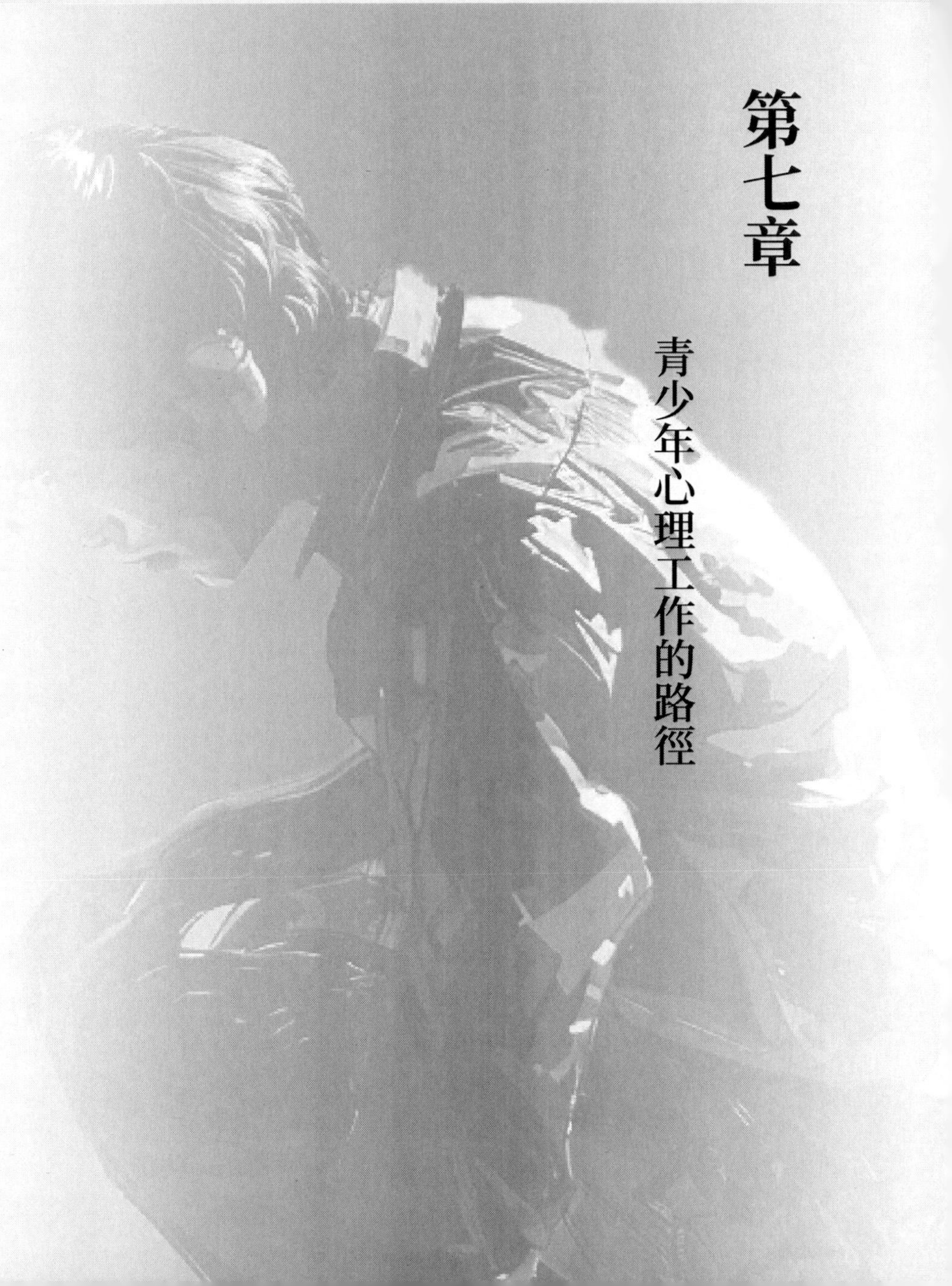

一、「人為的」發展性問題

我們今天看青少年發展性問題，但這不是最根本的，不會絕對地造成問題，因為過完這一段時間問題就迎刃而解了。考完試不就輕鬆了嗎？青春期一過他不就沒有這個煩惱了嗎？但是恰恰是在這一階段，因為不良的處理方式，致使問題也得以「發展」成人為問題。因為發展性問題本身不是問題，我們怎麼對待、怎麼接納、怎麼處理才是問題。

比如：今天在他身上存在某個問題，可能明天就沒有問題了，但今天這個問題影響到他，使他產生心理障礙了，所以這個時候發展性的問題就轉變成人為的問題，就是我們說的「人禍」。相比於天災，給我們造成更大創傷的往往是人禍，是別人對我們有意識的傷害。比如：有個爸爸脾氣不好，回家總是打自己的孩子，好好的一個孩子，回家就要遭受這種「人禍」，怎麼會不出問題？

大家來看，有一些青少年的問題是人為的問題，有一些是發展性的問題。對於發展性的問題，我們應該持有的方式是陪伴他、協助他去度過這一階段。而對於人為的問題，我們首先就要杜絕，因為這是環境的問題、外部的問題。還有些是突發性的問題，比如：親人突然離世了，或者是爸爸工作調動，孩子不得不轉學了。這些對孩子來講影響重大，但是我們很多父母或者是教師都忽略了對孩子的陪伴。

我們都知道有水土不服的現象，人們去了一個新的地方，身體會產生許多不舒服的反應，需要做一些調整。環境也是，我們心理上的很多問題源自突發性的事件，比如：孩子被一幫壞孩子揍了一頓，產生了心理創傷，這都是突發性的。對他而言，有些是我們知道的，有些是我們不知道的，所以，我們要加強對孩子的理解與陪伴。

二、青少年常見的三類問題

青少年的問題可以分為三大類。我們將它分為：發展性的問題、人為的問題以及突發性的問題。

第一類：發展性的問題，是指在個體正常的發展中急劇的變化和轉變導致的異常反應。此類問題會隨著時間發展而慢慢消失，但如果處理不當，極易發展為人為問題，從而給孩子的心靈造成永久的傷害。

第二類：人為的問題，是由於父母或者其他教育者的因素，導致青少年心理問題的出現。比如：網路成癮、不聽話、沒有感恩之心、不跟人社交、逃避課業、對什麼都沒興趣等。這可能需要改變周圍環境，需要父母去反思、去調整教育方式、去改善親子關係，以此來促進孩子的改變。

第三類：突發性的問題，是我們要幫助孩子去進行危機干預的一類問題。這類問題起因於突發性的、罕見的、超出了常規的事件，我們無法控制其發生，只能採用事後干預和補救。比如：孩子被欺凌，甚至有時候被傷害了，我們要幫助他去化解。但是問題就在這裡，我們的監護人，如父母或者是教師、成人，面臨著孩子的這種需求，但我們回應的態度首先是不積極的，或者積極的時候不太多，總以為沒有問題，以為影響不大。因為我們要面臨著外部的多種環境，這可能會讓我們對於孩子狀態的掌握出現偏差。過於激進、過於冷淡，都是不恰當的態度。即使有一部分去干預，用的方法不恰當，也可能會造成二次傷害。

這是青少年的三大類問題。當這些問題出現時，我們首先要注意不要把問題疾病化、不要把行為問題化、也不要把問題道德化，這個往往是很難的。當我們看到哪個人做了一個不好的行為，我們第一時間就會把這件事跟他是好人還是壞人連繫起來。但實際上，在青少年的發展中，他的道德發展並沒有完善，跟心理發育是一樣的，我們不能按照成年人的道德標準去要求他。可是我們今天很多人都是這樣做的，而且還對他進行道德綁架。我們說這個孩子真不聽話，這裡包含了什麼意思？是不是說他沒有品德？可是他不聽話跟品德有什麼關係呢？可能只是他現在心情不好，或者是說他不認同你，不願意聽你的話。你沒有說服他聽你的話，不代表他就是個壞孩子，就是個不道德的人。

為什麼我們要強調這件事情呢？因為一個人面對道德壓力時，往往比實際的壓力對人的殺傷力還要大。所以，在我們的心理上，你打我一頓不要緊的，你罵我一頓也不要緊的，但你要是侮辱我或者是誣陷我，還讓我啞口無言，讓我無法面對，然後你用權威式的方法宣判我，在道德上否定我，那我就無法忍受了。

青少年在慢慢社會化的過程中，開始形成對自我的愛護，這是他的名聲，就是他的精神自我，我們堅決不能以這個去傷害他。以上三種問題在處理時，我們都要去維護他的自尊、維護他的精神，而不去把問題道德化，說他沒良心、不感恩，這就是道德化。好人是需要有心理資本的，要讓他做一個好人，你就應該給他做好人的條件。

如果他是因為要獲得一些認同，或者是因為要達到他的目的而表現出好人的樣子，這時候他已經不是好人了，不能代表他有獨立的人格。所以應該怎樣對待青少年？是要有等待花開的耐心。感恩是一種心理的能力，它不是道德的水準。不是說心懷感恩的人就是一個好人，否則就是個壞人。心懷感恩的人，只是說他的心理成長到一定的水準了，成長到什麼水準？成長到知曉真善美，在不知不覺中發現自己很豐盈，對這個世界的看法很美好，然後突然想到了過去某個人對自己多好，而感覺到有一種喜悅、一種愛的體驗，不由自主地想要愛這個社會，想要感激他人，不是為了要獲得別人的好處，也不是為了要逃避某種懲罰而裝出來的，更不是因為道德綁架、內疚教育產生的，是由內而發。但這需要透過時間的積澱而生成。

對待孩子，我們不能樂見其成，要有意識地去推動這件事情。如果對方沒有聽你的，沒有達到你的目標，或者毀掉你的面子，你就有意識地去打壓他，那就是道德綁架。我們在社會交往中，總是會不由自主地站到道德制高點去指責別人。我們同樣習慣用這樣的方式對待青少年。我以前也犯過這樣的錯誤，對孩子說我對你這麼好，付出那麼多，你還不聽話。這個不聽話裡就包含「你不按照我的意志去做事情，你怎麼對得起我」這樣的意思，但實際上這是什麼邏輯呢？這根本沒有道理。孩子聽不聽話是你們交流方式的問題。

後來我想明白了，就不再用這種方式對待自己的孩子和身邊的親人。我們每個人都會有道德綁架的可能性，越是在關係中想要獲得掌控權的一方，越容易用這種手段；越是人格健全度不夠、心理資本水準不夠的人，往往越容易拿這把道德的權杖。因為他沒有信心說服別人，所以用道德來強迫。所以，對青少年遇到的問題，發展性的問題也好，其他問題也好，都不要上升到道德層面。這才是健康的青少年輔導，對待青少年的理念應該要這樣。

媽媽或者老師作為孩子成長的陪伴者，若將孩子的問題道德化了，便不是合格的陪伴者，更不能用道德綁架的方式去對待他。我們的社會常有這種重面子的問題，在青少年心理問題中，也有相當一部分和面子有關，如孩子在正常的學習過程中，暫時落後一點點，這一段時間他消極了，父母被老師叫過去，告知這一段時間你孩子落後了。可是你不去試著理解你的孩子，因為你覺得自己丟臉了，回來就對他說你老師都把我叫去了，你再這樣我就揍你了。可是你允不允許自己累了的時候休息一下呢？他這一段時間心情不好，稍微有點低落，並不代表他永遠都會低落下去，所以你應該怎麼樣？你面對老師給你孩子的批評和指導，應該要去用另一種方式理解。你說，老師，是的，我要幫助他，他可能這一段時間遇到了困難。你要幫助孩子去做一個溝通，讓老師能夠了解。另外，你要幫助孩子減壓，而不是回來就傳遞壓力。這就是信任，不會因為自己失掉面子而去控制他、怨恨他，甚至採取不良的行為。

其實我有見過身邊的人，因為自己丟臉而傷害了孩子一輩子。後來他的孩子妥協了，為了爸爸媽媽的面子而努力工作，回家的時候買很多的東西，讓左鄰右舍看到並知道他的父母很光榮，也沒有白養他，他是爭氣的。但是他自己付出了多少？其實這就是被道德綁架了，他可能在背後默默地流淚。我們要有獨立的自由人格，若被這些東西控制，那不是很悲哀嗎？所以，我們要緊緊地跟上時代，理解當今人們對美好生活的嚮往，這個需求裡就包含了比過去更加強烈地對精神自我的追求，是不是？孩子也是一樣的，所以，我們不能隨時讓孩子感覺被羞辱，如今就是所有人都要有自尊。

若我們總是道德化地去對待孩子，怎麼讓孩子自尊自信？這兩者是不匹配的。家庭教育是這樣，親子教育、學校教育、婚姻以及青少年的心理輔導都是這樣。用道德作為手段去對待孩子該停止了，這是我們新的青少年心理輔導的要求。因為過去我們更多地在不經意之間樹立孩子的「臉面觀」，讓我們的孩子「要臉」。這個傳統也許沒有問題，但時代變化了，今天我們要有所保留，有所捨棄，保留哪一部分？就是自尊，就是要形成自尊獨立的人格。同時要去掉哪一部分？去掉因為要他人看而自己活受罪的那個部分。就是把一些不良的文化心理，從我們這裡把它給阻斷掉。

我們要改變原來不良的策略。這裡也有一個值得我們探討的問題，就是我們過去做青少年工作、研究工作和輔導工作，更多的是用那種功利性的科學主義，好像做什麼事情都要達到什麼目的，達到有用的目標。我們要的是全面發展，而且我們更多地注重方法論，但是忽略了方法背後人文的部分。

三、發展性心理諮商和障礙性心理諮商

心理諮商通常有兩種模式，即障礙性諮商模式和發展性諮商模式。前者指為各種有障礙性心理問題的諮商對象提供心理援助、支持、干預、治療，以消除諮商對象的心理障礙，促進其心理朝著健康方向發展。這裡所指的障礙性心理問題，包括各種精神官能

症（如憂鬱症、焦慮症、強迫症、恐懼症、神經衰弱、疑病症等）、早期精神病、嚴重的情緒危機及其他精神疾患。發展性諮商模式是指根據個體身心發展的一般規律和特點，幫助不同年齡階段的個體盡可能地圓滿完成各自的心理發展課題，妥善地解決心理矛盾，更好地認識自己和社會，開發潛能，促進個性的發展和人格的完善。

發展性諮商的早期代表人物之一布洛克爾（Donald H. Blocher）在《發展性諮商》（*Developmental Counseling*）一書中曾指出，發展性諮商關心的是正常個體在不同發展階段的任務和應對策略，尤其重視智力、潛能的開發和各種經驗的運用，以及各種心理衝突和危機的早期預防和干預，以便幫助個體順利完成不同發展階段的任務。國際心理學聯合會於一九八四年在美國出版的《心理學百科全書》一書中也指出，諮商心理學強調發展的模式。所謂發展的模式，即心理諮商的目的在於努力幫助諮商對象掃除正常成長過程中的障礙，而使其得到充分的發展。

在發展性諮商模式看來，諮商對象是那些在應付日常生活中的壓力和任務方面需要幫助的正常人，諮商工作者的任務就是要使諮商對象學會應付的策略和有效的行為，最大限度地發揮他們原已存在的能力，或形成更強的適應能力。為此，車文博主編的《心理諮商大百科全書》提出了發展性諮商的四項功能：一是激勵諮商對象調整解決自身心理問題的能力結構，只有從信念和動力結構方面樹立起諮商對象的主體意識，從總體上培養其健康的人格結構，才能從根本上解決心理問題；二是幫助諮商對象糾正對自身內部心理狀態以及對外部社會環境的不恰當認知，這是解決心理問題的一個關鍵因素；三是為諮商對象實現更高的人生目標設計和提供最佳行為策略；四是透過心理健康教育，指導個體預防潛在的心理問題等。

發展性諮商模式的提出是學校心理諮商發展的結果。早期的心理諮商主要是針對青年學生職業指導的。職業指導的先驅者法蘭克．帕森斯（Frank Parsons）於一九〇九年出版的《選擇一個職業》（*Choosing A Vocation*）一書奠定了職業指導的基礎，作者認為青年人的職業必須與本人的興趣、能力和個性相符合，為了得到理想的職業，不僅要對環境（成功的條件、工作的性質等）進行正確的評估，也要對自身的素養、特點和潛能等進行客觀的認識，揚長避短，實現人與職業的優化配合。柏森斯的職業指導觀對學校心理諮商的發展具有重要的影響，職業心理諮商至今仍是全世界學校心理諮商的重要內容之一。

一九三九年，威廉遜（E. G Williamson）出版了《怎樣對學生諮商》（*How to Counsel Students*）一書，促進了以整個人格為對象的諮商活動的開展，包括職業、學業、社會、情感、人格、家庭、健康等，推動了許多學校尤其是大學建立起專門的心理諮商機構。

一九四二年，卡爾．羅傑斯（Carl Ransom Rogers）出版了《諮商和心理治療：新近的概念和實踐》（*Counseling and Psychotherapy: Newer Concepts in Practice*）一書，針對當時社會急劇變化給人們帶來的心理、情緒、人際關係等方面的困惑、不適應，提出了非指導性諮商和來訪者中心療法。羅傑斯的非指導性諮商思想是針對傳統的以諮商師為中心的指導模式而提出的，強調應十分重視諮商對象的自主性、積極性和自我潛能。羅氏理論認為人類具有了解其自身存在和建設性地改變自身行為的巨大潛力，具有自我實現的基本行為傾向，這是與生俱來的，在某種特定情況下，這種潛力可以充分地發揮出來。心理諮商的目標不是針對諮商對象所面臨的各種問題，而是使諮商對象在與諮商師建立真誠的相互關係的過程中，重新正確地體驗自身的矛盾和衝突，認識自己，促進自身潛能的發揮，使生活態度和行為發生建設性的改變。羅氏理論充滿了人本主義心理學的色彩，重視內在潛能的發揮和自我實現，由於該理論的影響，學校心理諮商的重點開始由學生的職業指導逐步轉變為對學生學習和生活適應的輔導，包括情緒障礙的診治。他的觀點為擴展學校心理諮商的領域，使之服務於人的發展、潛能開發、人格完善提供了理論基礎。此外，羅傑斯提出的沒有醫學學位的人也能從事心理諮商工作的觀點，改變了長期以來人們認為的只有經過專業訓練的精神科醫生才能從事諮商工作的看法，從而使一大批學校教育工作者投身於學校心理諮商工作，有力地推進了學校心理諮商事業。羅傑斯的觀點有效地改變了心理諮商領域中占統治地位的臨床諮商模式，為發展性諮商模式的誕生做出了重要貢獻。

一九五〇年代以來，以艾瑞克森、哈威格斯特（R. Havighurst）等為代表的心理學家所提出的心理發展觀進一步促進了發展性諮商思想的形成。艾瑞克森把人的整個心理發展過程劃分為八個階段，他認為這八個階段的順序由遺傳決定，但每個階段能否順利地度過卻由環境所決定，即人的心理發展是先天因素和環境因素相互作用的結果。在心理發展的每一階段上都存在一種危機，然而也是一種轉機，順利地度過危機是一種積極的解決，反之是一種消極的解決。積極的解決有利於自我力量的增強，有利於個人適應環境和形成積極的人格特質，反之則不利。並且前一階段危機的積極解決會擴大後一階段危機積極解決的可能性，反之，消極解決會縮小這種可能性。艾瑞克森的心理社會發展理論用發展變化的觀點來看待個人心理的成長，重視心理發展過程中個體心理的內在衝突及衝突解決對個體成長的意義，重視環境、教育對個體心理發展的影響，這為發展性諮商理論的形成奠定了基礎。

哈威格斯特所提出的「發展課題」也是發展性諮商理論的重要基礎。哈氏認為人生發展的課題是一個人在一生中的某個時期應該獲得的知識、技能和態度，它也是社會對各個發展階段的人們所提出的要求，即發展課題是個人需求和社會需求結合的產物。人的發展是完成人生發展課題的過程，人的成熟是透過完成各發展階段所分配的課題而實現的。按照哈氏的發展理論，個體若順利完成了該時期的發展課題，就會獲得滿足感和價值感，並有利於他順利完成以後的發展任務。如果某一階段的發展課題沒有完成，他就會沮喪、不安，就可能產生心理障礙，影響進入下一個發展階段，干擾下一階段發展課題的完成。

哈威格斯特把人生劃分為六個時期，即幼兒期（零到六歲）、兒童期（七到十二歲）、青少年期（十三到二十一歲）、成年期（二十二到四十歲）、中年期（四十一到六十歲）、晚年期（六十歲以上）。他認為青少年期的發展任務為：①學習與同年齡男女的新的交際；②學習男性與女性的社會角色；③認識自己的生理結構，有效地保護自己的肌體；④從父母和其他成人那裡獨立地體驗情緒；⑤有信心實現經濟獨立；⑥準備選擇職業；⑦做結婚與建立家庭的準備；⑧發展作為一個公民的必要的知識與態度；⑨追求並實現有社會性質的行為；⑩學習作為行動指南的價值與倫理體系。儘管由於各國文化背景的差異，具體的發展課題可能有別，但其思想無疑對發展性諮商理論的形成具有重要的意義。

促進心理健康和發展是預防心理障礙的最好辦法，若心理發展課題解決得不好，就容易引起心理障礙，而心理障礙問題的順利解決也有助於促進心理發展課題的完成。相比較而言，發展性諮商是基礎性工作，障礙性諮商是補救性工作，兩者都是心理諮商內容的組成部分，兩者的相輔相成是促進學生心理健康發展的保證。

此外，皮亞傑的智力結構發展理論、郭爾保（Lawrence Kohlberg）的道德階段發展理論也從不同的角度揭示了個體心理發展的某些規律，對發展性諮商理論的建立產生了積極的影響。

發展性諮商理論的提出不僅是學校心理諮商，也是整個心理諮商事業發展的必然趨勢，正如朱智賢主編的《心理學大詞典》中所指出的，從全世界心理諮商的發展趨勢看，心理諮商已逐步由職業指導、學業指導、婚姻家庭生活指導、治療心理疾病等方面轉向對人的心理潛能的研究，幫助人們更好地挖掘和發揮自己的潛能。發展性諮商理論的形成標誌著心理諮商邁入了一個重要的發展時期，即由重障礙、重矯正的諮商模式轉變為重發展、重預防的諮商模式，由服務於少數人轉為面向多數人，由少數專業人員從事的工作發展為經培訓後，眾多教育、心理、醫務、社會工作者都可以參與的活動，由障礙性內容為主轉變為發展性內容為主，由消除心理障礙為目的轉變為促進心理發展為目的，從而形成了現代意義上的心理諮商，並為心理諮商的發展開闢了廣闊的天地。

研究認為，現代心理諮商具有幾個方面的重要特徵：著重於正常人；對人的一生提供有效的幫助；強調個人的力量與價值；強調認知因素，尤其是理性在選擇和決定中的作用；研究在制定目標、計畫以及扮演社會角色方面的個性差異；充分考慮情境和環境的因素，強調人對於環境資源的利用以及必要時改變環境。這些尤其表現在學校心理諮商中，也就是說，發展性諮商模式的特徵特別適合於學校的環境和學校的要求。

筆者認為，強調以發展性諮商為模式正是學校心理諮商的特色和生命力所在。需要說明的是，強調學校心理諮商應以發展性諮商為主，並沒有忽視、否認對障礙性內容的關注，而是說學校心理諮商中始終應該以發展性內容為重點、目標，因為發展性諮商為主更能反映學校的特色，更符合學校教育的本質，也更符合全世界學校心理諮商的發展潮流。

四、來自國外學校心理諮商模式的啟示

目前，西方國家的學校心理諮商機構都把協助學生順利完成心理發展任務、人生發展課題，克服心理發展障礙、適應學校生活、提高社會適應能力、促進人的成長和潛能開發作為自己的主要內容和首要目標。

美國學校心理諮商的內容涵蓋三大塊，即心理健康諮商、學習諮商和職業諮商。其中，心理健康諮商是指針對學生的種種精神壓力、心理衝突與感情糾紛實施心理諮商與輔導；學習諮商旨在幫助學生擴大對所學專業的認知和興趣，提高學習技能，並解決學習中的困難；職業諮商是指為學生選擇工作方向提供指導，幫助學生根據自己的興趣、愛好、性格、能力等因素尋找適合自己的職業，及早確定職業發展方向，並做好知識、能力、心理上的準備。美國學校心理諮商在開展個別諮商的同時，重視開展團體諮商與訓練活動，並輔助於一系列課程，如以「暑假課程」的形式在新生中開展「情感適應」訓練，以增強個人責任心，提高人際交往和競爭環境中的自信心，培養專業興趣，學會客觀評估自己的能力，促進學生和大學融為一體等。

德國學校心理諮商分為三種類型，一是前途預測、擇業諮商，主要是透過職業興趣、學習動機、個性、能力等測試，對學生的升學、就業、前途等進行指導；二是行為、習慣諮商，主要是幫助學生克服各種不良行為習慣，改正不正確的學習方法，調節心理障礙；三是心理發展諮商，旨在促進學生的自我認識和自我完善。

日本學校心理諮商的內容可分為四類：第一類為學習發展諮商，包括讀書、升學、轉系、擇業等方面的諮商；第二類為學生生活諮商，包括海外活動安排找住所、打工、家庭、戀愛等生活方面的諮商；第三類為心理問題諮商，包括性格、情緒、人際關係、異性交往、人生等方面心理問題的諮商；第四類為精神健康諮商，是指對患有精神疾患的學生開展的諮商、治療服務。

五、青少年心理諮商的方法

青少年適用於發展性心理諮商，這是毫無疑問的。但隨著「科學的功利主義」的興起和發展，以醫學為主導的科學理論和技術的推廣，整個青少年心理諮商的方向發生了偏差。而這種偏差有可能違背人性。這更符合焦慮的家長們的期待，西藥的運用可以使很多青少年問題「藥到病除」，廣為宣傳的搞定孩子的方法和技巧，在這個資訊時代很容易獲取到。當我們過度地使用這些方法時，對人的尊重、對人性的守護就減少了。

舉個簡單的例子，看看網路上各式各樣的家長教育論壇，各式各樣的家長學校、家長訓練營，各種大師，各種專家，各種歸國名師，各種家庭教育大師，其中教授的層出不窮的學習方式都是什麼？都在學怎麼搞定孩子。各式各樣的教育思想，各式各樣的教育技術，還有的現場說法，所有這些探索，大家都在找什麼？都在找一種馬上就見效的教育方法。但就像本書中的案例所呈現的一樣，最簡單的方法往往最有效，只要真誠地面對，把孩子當成一個獨立的個體，愛他，尊重他，把面子丟掉，就能最有效地教育孩子。如何營造一個情境，讓人可以說出真心話？真誠絕對是必要的條件。真誠，可以營造一個讓人信任與對話的空間，也能展開人與人之間真實的親密關係。

我們不能指望用方法去解決青少年問題，你方法用得再多，你們兩個在鬥智鬥勇，那有什麼意思？有些父母在教育孩子的過程中，就是最後乾脆我也不管你了，你自己以後努力學習就成，你怎麼樣我都愛你。在這種放手的情況下，心理緊張反倒是緩解了。

人擁有超越自我的本能的動力，誰都不願意當倒數第一。孩子對自己現在沒學好是會有壓力的，家長所要做的就是陪伴和支持他。而我們做青少年心理輔導工作，也應該圍繞少一些功利的科學主義的原則，不要都把精力放在方法上，而是把青少年來訪者當成獨立的個體，在諮商室裡聽他講、陪伴他，把那些基本的傾聽技術、合理認知技術都用上就足夠了，不需要使用高端的技術。

青少年心理輔導工作，是幫助青少年成為一個完全的人，成為一個健康的人，成為一個可以在未來的社會中去追求幸福、去追求成功、去服務社會和他人的人。所以，我們的青少年心理輔導工作不只是做疾病的干預和治療，還承載了對他人人格的影響，應該減少功利主義，減少傳統文化中不良的文化觀念的傳播。如果不注意就會出現諮商案例裡常見的現象，用傳統的文化進行綁架，掉入道德教育、內疚教育的「陷阱」裡。

有人說：「青少年在這個社會追求自己利益的實現是天經地義的。」但我們對青少年的教育，不能是讓他成為一個每天把所有的時間和精力都圍繞自己個人的私利而努力的人。如果我們的諮商策略、輔導策略、教育策略有問題，我們的孩子就會被我們教育成這樣。教育應該有以人為本的目標，讓青少年在精神心理層面上，成為一個擁有個性的、獨立的人，成為一個未來有能力去追求意義和價值的人。

陶行知先生提出了教育的隱患。他認為教育中要防止兩種傾向，一種是將教與學的界線完全地泯除，否定了教師主導作用的錯誤傾向；另一種是只管教，不問學生興趣，不注重學生所提出問題的錯誤傾向。前一種傾向必然是無計畫，伴隨著生活打滾，後一種傾向在於把學生灌輸到飽和。

近年來，教育界正在討論一個問題，即關於教師有沒有懲戒權的問題。教師罵人有沒有道理？關於此，我有一段相關的經歷。大概是在二〇一七年的時候，我經常在LINE群組裡「修理」學生，那時群組裡一個學生說：「我已經報名幾個月了，為什麼沒有人理我？我還沒進教室。」當我看到這一類人時，我會去「修理」他。我說：「誰是第一責任人呢？你怎麼報名這麼長時間不去找工作人員，不去找學校入口？你要去讀大學，就在校門口等著不進學校裡也不去上課，玩了幾個月之後說我還沒進學校，怪誰呢？」

誰才是讀書學習的第一責任人？當然是學生自己。有些人的想法是頑固的，直接批評和指責並不能見效，需要不斷地對其進行心理輔導。

作為一名教師，想要幫助學生成長，不能直接打罵發火，而要循循善誘，讓學生真正明白道理。進了學校，是為學習成長而來，為自己負責，不要逃避耍賴，不要將責任歸咎於別人還振振有詞。

大多數人都會和稀泥，在教師批評指正時跑出來，說：「老師，你別生氣。」要警惕那些勸你不要生氣的人。兩個人正在說話，說著說著，突然他說你別生氣。我什麼時候生氣了？現在開始我才生氣了。我生氣不是因為剛才我生氣了，是你說的這句話。你說這句話就表示你比我高尚、有風度，你都沒生氣，我憑什麼生氣呢？陶行知先生在這裡的第一個觀點說的就是，不要忽視教師的存在，教師還是要有教師的責任，教師還是要面對學生，該說的時候還是要說的。我不能因為討好你就不敢教導你，要不然我做這個教師做什麼。反正進來以後把門關上，一樣地「修理」他，你教好一個是一個，到最後真心換真心，只要你是真心的，就沒有問題，我相信每個人都是生命向上、人心向善的。

我們做青少年心理工作，是完完全全地出於幫助他成為一個有獨立人格的人這樣的目標。不能因為我們想要盡快地獲取一些私利，就趕快用那種功利主義的方法，也不能為了滿足我們心中的虛榮，就很快地做一些面子工程。

在這裡我們回顧一下，青少年的心理輔導工作，要做重大的策略上的變化。不符合人性發展規律的、不能夠使青少年成為完全的人的、不利於青少年的人格的維護的一些功利化的方法，都要把它們杜絕掉。真真正正地做到以人為本，圍繞這個開展輔導策略。

第八章

青少年心理工作的策略

一、青少年心理工作從何處開展

一個人的成長總是要接受三個方面的教育，即家庭教育、學校教育和社會教育。而家庭教育在人的成長過程中起著極為重要的作用。家庭教育是最早期的教育，是一切教育的基礎。孩子從出生的第一天起就開始接受家庭教育，父母就是孩子的第一任老師。父母的一言一行、一舉一動時時刻刻都在潛移默化地影響著孩子。如果孩子從小在家庭裡受到良好的教育，以後的學校教育就能順利地進行；如果孩子在家庭裡受到不良的教育，就會使他們在接受學校教育時發生困難，學校就需要用很大的力氣去矯正他們的錯誤和缺點。因此，家庭教育對青少年的心理健康與行為習慣養成至關重要，它也直接影響著學校教育與社會教育的成敗。

做青少年心理工作，我們從哪幾個方面去開展？主要從三個方面來進行，一個是從家庭教育的層面，一個是從學校教育的層面，還有一個是從社會教育的層面。

青少年的年齡是十三到十七歲，我們說青少年心理工作其實也包含了兒童的概念，但是更多的是針對青少年的工作。我們所說的路徑是從哪些角度去做？像我們個人從事青少年心理工作，就可以從家庭教育層面去開展青少年的心理工作。

教育部規定，學校應該成立家長學校，學校要對家長進行教育。這個規定是有合理性的。我們成立家庭教育研究中心，培養家庭教育指導師，包括婚姻家庭指導師、婚姻家庭諮商師，有的起到了作用，但更多的沒有起到作用，甚至我們說的諮商心理師都沒有起到太大的作用。

歐美國家諮商心理師的比例是1：1000，我們的比例是差不多的，數量是夠了，但是品質不行，也就是說，過去其實我們的工作都沒有做到位。做一件事情就應該把它做好、做到位。比如：你想要考個證照，結果你不去好好地學；培訓班也參加了不少，但是你不去好好地做；做也做完了，結果每次做完之後，你不去總結；總結也總結了，但是你不去驗證，不去請老師督導。

現在的社會大背景是什麼？是需要服務人才。那人才少嗎？不少，而且還有婚姻家庭諮商師，還有社工，可是大家為什麼都不行？就是不精進，如果十分是滿分，我們都拿個七八分就算了。

但是，以運動員為例，即使拿到十分了，成為國家隊的隊員了，已經合格了，但是還拿不到獎牌，為什麼？因為十分可能只是標準分，標準以上才能爭取拿冠軍。國家任何一個體育運動隊隊員都是可以拿十分的，但是他不一定能拿金銀銅牌獎。你要做就要做到優秀，優秀到成為拔尖的，你才能是這個行業的專家。所以，大部分人基本到了一定的標準水準，但是沒有繼續精進。

二、家庭教育的重要性

在紛繁的社會環境因素中，對人的心理發展影響最直接、最深刻、最持久的是家庭環境。這是因為：第一，家庭是人們出生的地方，是人們有生以來所接觸和生活的第一個環境，是一個人最早接受教育的場所。家庭對一個人的身心成長、道德品格的發展、個性特徵的形成產生重要的影響。第二，家庭是人們連續生活時間最長久的生活環境。孩子的生活大部分是在家裡度過的，他們最初的道德觀念、價值觀正是在家庭中形成的。個人的人格特質、心理特點、性格以及行為習慣的形成與家庭環境和家庭教育有著直接的連繫。第三，家庭中教育的觀點、方式和方法，家庭成員的作風、習慣、品德修養，家長的人格特質、心理發展水準和個性、性格特徵都深深地影響著孩子的心靈。家庭環境對人的個性形成有巨大的影響作用，同時對人的心理發展方向和水準也有著決定性的作用。

（一）家庭結構對青少年心理發展的影響

家庭結構是指家庭人員的構成及其排列順序。隨著社會的發展，目前家庭結構由大家庭向小家庭、小家庭向多元家庭發展的趨勢。當前比較常見的有：核心家庭、折衷家庭、隔代家庭、單親家庭、重組家庭等。家庭是以血緣關係為紐帶的，家庭中的每一個成員之間長期相處、關係密切，都是一個家庭的重要組成部分。如果正常的家庭結構被打破，則會給青少年心理發展造成很大的影響。比如：父親或母親早亡，會給青少年學生造成很大的心靈創傷，使其失去精神上的依託，出現行為不正常、情緒不穩定等現象。隨著離婚現象的增多，離異家庭子女的心理健康教育問題就顯得越來越重要，這些離異家庭的子女大多具有自卑、少言寡語、性情孤僻、厭學情緒和反向心理較強等心理問題，應引起全社會，特別是家庭、學校的極大關注。目前，學校有部分學生出現心理問題，就是殘缺的家庭結構造成的。所以，要使青少年的心理健康地發展，首先應該給他們創造一個完整和睦的家庭。

（二）家庭成員之間的關係對青少年心理發展的影響

家庭生活包括物質生活和精神生活兩個方面。子女不但要從家庭中得到生存和生活所必需的物質條件，也需要從家庭中得到精神上的滿足。家庭成員之間的關係、家庭生活的氣氛和生活秩序，對於未成年子女的影響尤為重大。未成年的子女缺乏獨立生活的能力，不可能脫離家庭而獨立生存和生活，他們一步也離不開家庭。家庭成員之間的關係好不好，對他們的身心影響極大。比如：一個家庭中，如果父母經常吵架，必然使自己的子女失去歸屬感，心理上失去支持和平衡，造成心理障礙，在學校中可能表現出沉默寡言、不合群、自卑等異常現象。實踐證明，生活在具有良好的家庭生活氛圍中的青少年，往往表現出情緒穩定、性格開朗、人緣好、對生活和前途充滿信心等人格特徵；生活在缺乏良好家庭生活氛圍中的青少年，則容易出現各種不良情緒和行為，對生活失去信心，甚至對現實產生強烈不滿。可見，家庭生活氛圍會比較直接地影響到青少年心理發展的社會環境。所以，一個家庭，除為子女提供物質生活條件外，更重要的是要改善家庭成員之間的關係，努力為他們營造良好的家庭生活氛圍，給他們一個民主、和睦和安定的家庭。

(三) 家庭教養方式對青少年心理發展的影響

家庭教養方式是指家庭教育和撫養子女的方式，是受教育者教養觀念支配的，有什麼樣的教養觀念就有什麼樣的教養方式，不良的教養方式會給青少年造成極大的心理傷害。從現實情況來看，以下三種不良的教養方式對孩子的心理健康危害最大。

■專制粗暴型：父母專制、蠻橫、任性、不講道理，以聖人和教訓者自居，忽視孩子人格的存在。持這種教養方式的父母對孩子的要求過分嚴厲，教育方法簡單粗暴，對孩子動輒打罵，絲毫不顧忌孩子的自尊心。孩子容易形成自卑或退縮心理，還會導致孩子產生撒謊、破壞，甚至偷盜犯罪等行為。

■冷淡型：一些父母因為熱衷於自己的事業，或者父母關係不良，導致對孩子管教不嚴，或者對孩子缺乏關心。孩子容易形成冷漠、自私、膽怯、孤獨等性格。

■溺愛型：主要展現在父母不管孩子的要求合理不合理，從不違背孩子的意志，要什麼給什麼，要怎麼做就怎麼做。對孩子的要求一味地滿足。這樣直接受害的是孩子本身，孩子向父母提出的種種要求，父母從來都不加分析，一一照辦，久而久之，就會對孩子的個性、心理健康造成很大的負面影響。孩子則容易形成任性、自私自利、專橫跋扈等性格。

（四）家長自身素養對青少年心理發展的影響

家長的素養是指家長平時的修養，主要包括兩個方面：一是對社會和人生的態度以及日常生活中的行為準則，即世界觀和思想品德。二是理論、知識方面的水準，即文化素養。家庭教育的核心是育人，家長在家庭教育中發揮著主導作用，家長素養直接制約著家庭教育的成敗、家庭教育的水準和家庭教育的方向。家長的一言一行也會直接影響著子女的心理發展。俗話說「父母是孩子最好的老師」，這說明父母的為人處世、言談舉止，無時無刻不在對子女起著潛移默化的作用。假如父母整天沉迷於上網、打麻將，對子女的課業、生活漠不關心，其子女在學校往往表現為經常不遵守紀律、厭學情緒嚴重等不良現象；假如父母開口閉口都講髒話、粗話，其子女在學校往往不太可能是一位乖巧有禮的學生。可見，家長自身的素養也在無形中影響著青少年的心理發展。要實施正確的家庭教育，家長必須努力提高自身的素養修養。

總之，家庭因素對青少年心理發展有很大的影響。因此，家長應努力提高自身的素養修養，樹立正確的家庭教育觀，努力營造良好的家庭教育氛圍，把家庭教育與學校教育、社會教育結合起來，用科學、有效的方法促進青少年的心理健康發展，使青少年的身心得到全面發展。

有些家長陪讀孩子，一陪就是六七年，付出的代價很大，但到最後還不一定「陪」出來一個好孩子。我們付出那麼多，為什麼沒有達到效果呢？青少年工作從學校的層面來講，包括在社會的層面，我們還是過於著急。你這麼著急做什麼？你要專注把這件事情做好，把一件事情學好，不要還沒有在一個地方深入探索，就輕易說沒有作用，這是目前一個浮躁的現實，所以，大家要做一件事情就要把它深入地做下去。

家庭教育還可以根據孩子的身心發展特點選擇合適的心理健康遊戲、家庭教育遊戲。孩子從出生到十八歲有很多關鍵期，如果在這段時間給予適當的刺激，對孩子的發展會有事半功倍的效果，這個時候多安排一些家庭遊戲，能夠高效率地培養孩子的語言、思維、社交能力。這裡有一個詞特別有意思，是說要給予孩子適當的刺激，但目前我們給予孩子的這些刺激有相當一部分是不科學的、不合理的、不合適的。比如：偏離了主流價值的、違背了發展規律的、不是科學的方法的刺激，以及損害孩子的心理刺激，這種情況是很多的，我們需要的是合適的刺激。

我們需要探索合適的家庭遊戲，增加家庭互動，提供更多、更合適的有益刺激。

三、家庭遊戲

家庭中有利於孩子身心發展的、家人一起玩的活動都可以被稱為家庭遊戲。孩子的心理發展和心理成長的第一陣地在家庭，在家庭教育中，如果家庭能夠保證進行正常的活動，而且這些活動可以為孩子的身心發展保駕護航，如提升孩子的自我認同，擴展認知，讓他產生自信，開闊視野，提高他的價值感，以及改善你們的親子關係，這些活動只要能達到這些目的，都可以被稱為家庭遊戲。

能達到這些目的的活動都屬於適當的刺激，達不到的就不是適當的刺激。一耳光打得孩子哇哇大哭，那不是適當的刺激，也不是家庭遊戲，但是有的家庭可能經常玩這種「遊戲」，你打他，他跟你鬥智鬥勇，然後相互之間不真誠。做這種危險的遊戲對不對？是否有利於孩子的身心發展？

還要注意的是，家庭遊戲是家長和孩子一起活動、一起參與，你把他領進公園，並在門口等著他，讓他進去溜個滑梯，然後你自己在那裡玩手機去了，這不是家庭遊戲，這是他自己的遊戲，只不過你為他提供了便利而已。

這又牽扯到我們之前所說的，為什麼我們叫它青少年心理工作呢？因為很多家長現在對這一塊在理念上已經認定就是孩子的問題，跟自己沒有關係。對自己的孩子，家長覺得自己提供一些資源給他就行了，你要去玩我把你帶到公園門口，你要吃飯我替你做好，你要錢我給你錢。家長不認為在陪伴孩子長大的過程中需要與他互動、參與其中。他們沒有參與感，沒有沉浸在其中，跟孩子沒有關係。為什麼諮商師可以做到真誠對待，家長卻做不到呢？因為家長沒有做到「生活即教育」。

「生活即教育」就是孩子和你生活在一起的過程，這就是對孩子的教育。比如：你在做飯的時候孩子來幫忙，你跟他分享，問他知不知道這個要這樣做，並讓他參與一下試試，而不是當孩子說媽媽我也想要包水餃時，你回答「一邊去，包爛了怎麼吃」。

「生活即教育」是讓孩子參與你的生活，你和他一起成長，這算不算一個遊戲？難道只有我們學的專業書上寫的技術才叫心理遊戲嗎？難道我們生活中的那一些不叫遊戲嗎？我的小女兒很小的時候回到鄉下，她的奶奶在田裡收玉米，於是她跟奶奶一起去掰玉米，一起照相，開心得要命。有一次我問她，我說你最記憶猶新的體驗是什麼，她說是那一次回鄉下。而我們現在的生活現狀是，家長不在家裡做飯，做飯也不讓孩子參加，也不跟孩子一起去看一部電影，去看電影了以後，就想著孩子看完滿足了，而不想著和孩子一起討論電影裡的人物和故事。

這樣一說有些人就要抗議了，說這樣多累，我要工作，還要各種費心思。這又有一個問題出來了，我們不把生活當成滋養我們的一個環境，當成我們的一個休閒的、娛樂的、可以滋補我們的地方，卻把它當成一個工作的戰場。

四、家庭教育的意義

家庭教育帶來的是什麼呢？你如果覺得這是我的孩子需要我，不是我需要我的生活和孩子，於是我辦的事情都是累的，就不能享受其中。但回到了需求層面，誰需要？實事求是地說，你需要孩子，你需要一個陪伴孩子成長的美好的過程，你需要你的孩子長大之後讓你很有成就感和滿足感。是你的需求啊，那你就跟他一塊玩，這不是工作。

陪孩子成長的過程就是我們自己成長的過程，這個過程以前我們認為是我陪著孩子長大，我陪著孩子玩，只要孩子滿足了就行，我沒有想到我也需要滿足。實際上很多家長一直在這個過程中獲得滿足，但不是主動的滿足。與孩子找到一個共同點，彼此滿足，享受親子互動的過程、彼此參與的過程，這才是真正的家庭互動、家庭遊戲。

這就像是我們今天對待職業的態度。職業會使一個人成長，但是很多人對待職業是什麼態度呢？「趕快下班吧，晚上才是屬於我的」、「趕快退休吧，退完休之後我才能做自己喜歡的」。講不清楚到底哪個地方出了問題，好像我們一直處於被動狀態。我們催促著孩子趕快長大，好像長大後我才能做回我自己。還是那句話，生活即教育。如果每一個父母在這一點上觀念轉變不過來，家庭教育是做不好的。

如果我們每一個人都不能享受職業，那麼職業就不能成就你。職業成就一個人很厲害，因為厲害的人大多是在他的職業生涯裡透過做一件一件的事情，最後成為一個專家、一個成功的企業家等。實踐過程使我們成長，任何一個人都能在職業裡成長起來。

同樣地，家庭也是我們成長的一個地方，但是我們卻覺得這是第二個戰場。實際上，人生沒有第二個戰場，只有一個戰場，這個戰場就是你的生活，就是你的職業。當我們明白這一點時，我們就可以不跟自己較勁了，就順勢了，明確了道路和方向。當我們做一件事情而沒有在較勁時，就會節省大量的時間。

我講這些是試圖說明，在家庭教育裡，家庭成員都應把家庭當成是自己需要的，並且所做的事都是在滿足自己的需求，而不僅僅是為了孩子，這時候家長就不是被動的了。我們的青少年心理工作，在家庭這個領域裡，按照這個觀念去做，就可以了。就好像你對一個人的幫助是讓他樹立信心、找準方向，接下來是他自己走，不是你替他走。如果他既沒有信心，也不知道該去哪裡，你就是想盡辦法背著他、拉著他，也是幫不了他的。

在家庭教育裡，父母只要培養孩子獨立的人格、高尚的品德、探索的精神，遇到問題的時候勇於去解決，就夠了。家長跟著孩子的節奏，陪著他就可以了。家庭教育不是教孩子解決一個一個的問題，更不是幫他解決一個一個的問題。所以，家庭教育說難它是很難的，說不難它又非常簡單。有人說家庭教育不如不教育，就是這個道理，意思就是，你不用做那些多餘的事情，你只需要陪伴孩子長大就好了。

第九章

陪伴和支持

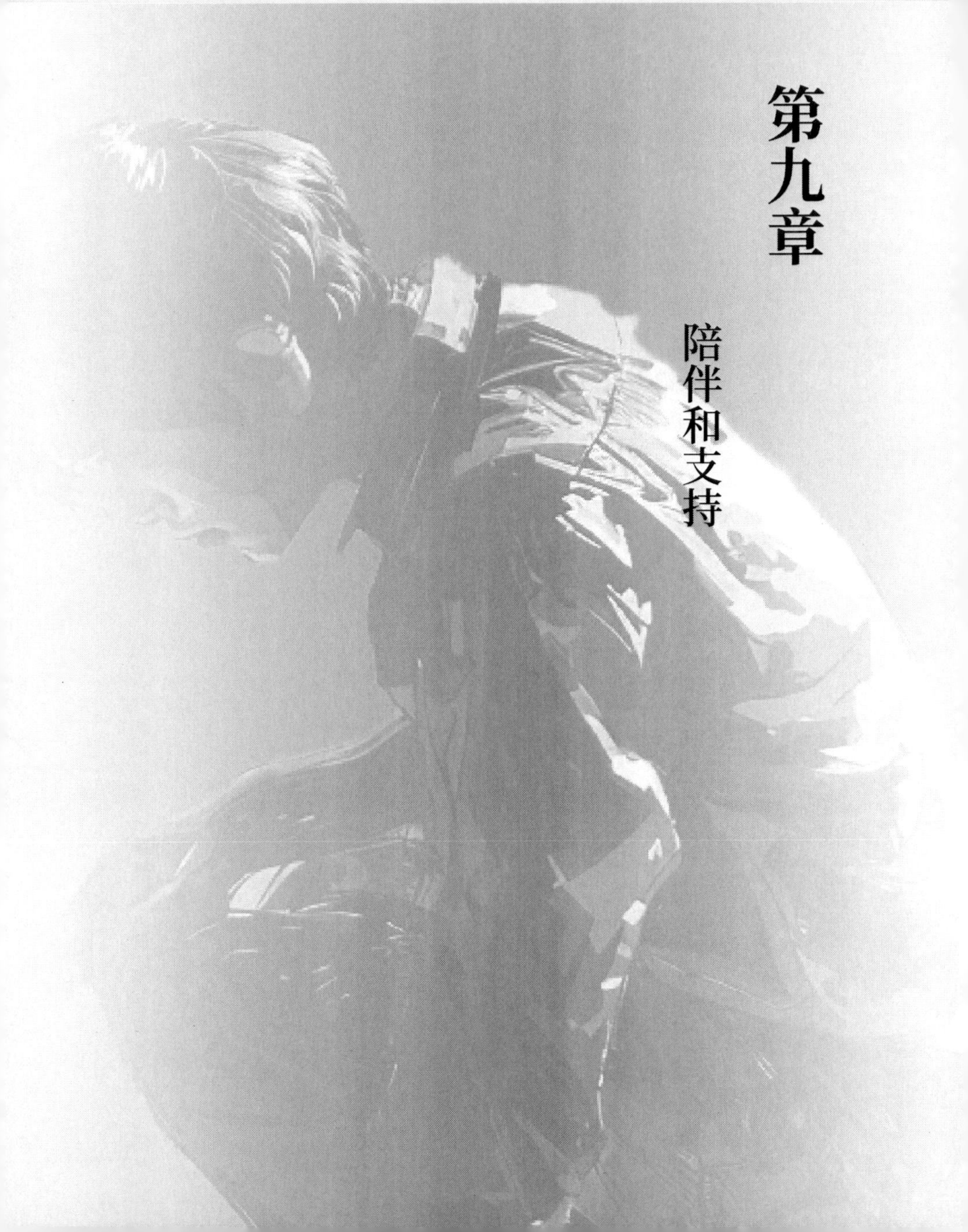

一、親子之間情感交流的重要性

我這兩年花更多的精力做的一件事情，是讓我的兩個孩子從內心相信無論到什麼時候我都愛她們。這件事情我一直在做，但是具體來說並沒有做很多事，只是認認真真地與她們談了幾次心。我曾跟小女兒認認真真地談了幾回，我說：「妳不用回應爸爸，爸爸想跟妳說一些東西，就是現在我們家的情況，我透過自己的學習和成長，了解到了跟妳的關係應該怎麼處理。我想告訴妳，無論妳是什麼樣子，妳都是我的女兒，我都會永遠地愛妳、接受妳，這個世界上沒有一個人比我更願意去陪伴妳、去愛妳。無論妳以後走什麼樣的道路，選擇什麼，妳都放心，在你身後永遠有一個人在支持妳，這個人就是妳的爸爸，就是我。」

第一次談話的時候她若有所思，還不太好意思，不知道怎麼回應我這份情感，因為原來的模式是她收到的是情感，而不是我的態度，而面對情感時她是有壓力的，她不知道我話語的背後是什麼，當她慢慢地發現我只是這樣說，後面什麼都沒有，不附加任何條件，只是真心地告訴她時，她才真的放心。

告訴孩子你要讀書、你要學習、你要成長，這也是我們每個父母應該做的，也是我們能做到的。我們是孩子的陪伴者、孩子的支持者、孩子利益的捍衛者。

這一次之後又經過一段時間，我找到了一個機會，然後跟她深入交談。這個時候有了更深的互動。現在我自認為，以我的評估來看，我的孩子已經完全自信了，她已經完全放心了，「我怎麼去飛，我怎麼去走，我怎麼成長，我爸爸我媽媽都是會愛我的，都是對我好的，他們不會不管我，他們不會嫌棄我。」她有這個信念作為其成長的第一個保障。

接下來再和她探討學習和生活，這個部分基本上就比較少了。比如：在上個暑假，大女兒大學畢業，她讀心理學，這不是我叫她選的，我本來的教育理念就是比較自由寬鬆的，這是她自己選的，她現在已經開始攻讀心理學碩士了。我自己走的這條路，現在我的孩子也走上了這條路，她以後還可能會是個心理學博士，那就比我的路要好走很多。

她完全地掌握自己的人生。

我認為我的成功，是我覺得自己讓孩子心裡有自信了，讓孩子心靈自由了，讓她覺得自己的人生自己決定，身後有人支持，其他的事情不用管太多。這個世界有很多的路，她作為一個獨立的個體完全可以去掌控。我們不能過分干涉，去做那些本不用操心的事情。「你這個作業怎麼不做，你又沒有約束力了，你看你又跑出去打遊戲了」，天天在家裡抓小偷似的圍堵，鬥智鬥勇地搞「家庭遊戲」，是完全沒有意義的。

這裡有一個關鍵點，家庭教育的本質是給孩子適當的刺激，如你對他的期待。讓他感覺到你愛他，對他有期待，並且不論他是什麼樣子你都發自內心地去接納他，而不再否定他。所以我已經有很長時間，沒有在任何一個地方講過我孩子的不好，我也沒有覺得她不好，在我這裡她就沒有不好，她所有方面都是好的。我們與孩子的關係，應該像是朋友一樣，這樣的關係才能相處得不錯。

二、生活即教育

一位家長分享了她的故事：昨天我寫了一封信給我兒子，我傳給他了，我想分享給大家。

今天是六月十四日，是我父親的生日。三十年了，每年這一天我都回去。三十年前是為我爺爺過生日，從一九八九年我爺爺去世之後，我才知道這一天也是我父親的生日，於是這一天繼續成為我每年最重要的一天。

可是今年不一樣了，今年的這天我沒有回去，而是去參加了一個學習培訓，第一個原因是這個培訓是去年已經安排好的，延遲到了今年的暑假，恰好就在今天，我不想再推延了。因為我是最早報名的一個，所以我不想再把它往後延。第二個原因是兒子你上大學了，剛好放假回來，我想讓你幫我做這件事，希望你能體驗這一天對我們家庭的重要性。可是因為這件事我糾結了好久，兩件事情似乎同樣緊急，做選擇總是很難的，當我告訴你和你爸爸這件事時，你們兩個表現出不同程度的不接受、不配合、不支持，我開始猶豫，甚至想過放棄自己的決定，先替父親過生日，然後晚一點去培訓班。昨天下午我幾乎已經妥協了，我告訴我們團隊一起同行的五個人，說明天我不和你們一起去了，你們先走吧，我下午再去。但是到了晚上的時候我又不甘心了，我繼續說服你們兩個，直到你們不反對並開心地願意幫我做這件事。我知道兒子你一定可以幫我做這件事的，可是我希望你能開心地幫我做，而不是不情願地做，你能開心情願我才能放心離開。

祝願我的父母健康長壽，平安幸福，希望我的兒子能夠承擔責任，理解家庭，謝謝。

從中我們能看出：沒有溝通不了的事，沒有說不清楚的道理，但是前提是什麼呢？是一定有一顆真誠的心，一定是我們不帶著附加條件的愛，一定是我們真正的接納和尊重。所以，我們看家庭教育的現狀，最重要的就是去改變父母們的錯誤理念，如果這個理念的部分沒有改變，只是去學一些技術方法，那麼這些技術方法可能會變成不良的刺激。你學了一個技術不要輕易地使用，因為你就是第一技術，你這顆心就是技術，那些工具和方法沒有心就是套路。觀念轉變之後的第二步，就是我們把家庭教育變得簡單一點，變得簡單一點就是陪伴和支持。這兩個詞含義豐富，陪伴就是你要隨時都在，這個隨時都在並不單純是指空間意義上的隨時在他身邊，而是你在他的心裡，你們可能會相隔遙遠，但是親密無間，而不是最熟悉的陌生人。只要你們彼此之間建立了這樣的心理聯盟，隨時都在，就達到了陪伴的要求，我們對陪伴有了深刻的理解。至於支持，是無條件的支持，不是一逮著你向我求助的機會，我就可以跟你談籌碼了。你想要那個東西是嗎，讀書不讀書？不是這個，是無條件的支持，就是覺得孩子是自己生命中不可或缺的人，在陪孩子長大的過程中豐盈了自己的人生，而不是說孩子是自己的附庸品，也不是一個重要投資。必須要把這件事情弄清楚，你快快樂樂地把孩子養大了，孩子快快樂樂地成長了，你們彼此陪伴、彼此成就。

如果不給孩子支持和陪伴會怎樣呢？孩子的成長會受到阻礙，你在陪伴孩子時，孩子其實也在陪伴你，幫助他也是你的需求。

以達到讓孩子的身心發展為效果的支持才算是真的支持，而以滿足我個人的虛榮心、好奇心，滿足我個人的面子為目的的支持都不是真的在支持你的孩子。在他遇到發展性問題時，我們給他陪伴；在他遇到了外部的壓力，他自己無法面對時，我們給他心理支持；在他伸出求助之手時，我們給他力所能及的一切的支持；在他不需要我們支持時，我們永遠不去侵犯性地支持。

三、何謂陪伴能力

慢慢地，我們就會發現，其實做青少年心理輔導，保持真誠的心態、會積極關注、懂傾聽、能支持，就可以了。能做一般的認知療法就行，不需要用很多技術。做家庭教育，父母也只要會陪伴、能支持就可以了，不要把它搞複雜了。如果我準備了一大套高深的技術方法，用各種治療流派去講青少年心理諮商，我覺得這樣就偏了，必須把它當成工作，然後很簡單地去做。

它沒有那麼難，就像我跟我的兩個孩子的相處一樣。有時候，人和人的關係只需要一兩次的真誠溝通就徹底地奠定了基礎。當我的孩子在學校裡遇到了挫折，她有一次跟我談，那時她的情緒比較低落和頹廢，我給了她支持，並且表達了我的心情。我說爸爸做得不夠好，沒有為妳的成長付出更多，我心裡好慚愧。我們是用 LINE 溝通的，當我在這邊流了眼淚，她在那邊也流了眼淚，這一次之後我們就永遠地奠定了這個關係基礎。

只需要幾次用心深入地溝通，就不用再去做很多事情。只要父母不再搞破壞，如打他一頓，孩子跟我們的感情就已經奠定了基礎，因為我們本身就有天然的、來自血脈的連繫。

親子教育中，雙方一旦建立了這樣的關係，大家就都不再消耗了，不再防守了，也沒有那些症狀出現了，因為症狀都是為了防禦而出現的。

有些家長會說：認同並幫助孩子完成他想要做成的事情，或者他人生中的目標，這個道理大家都懂，但是我們在很多情況下要對他的目標和他想做的事情做評判，我們大部分家長看待孩子想做的事，首先會考慮這件事對孩子的人生有沒有幫助，對孩子以後的發展會不會有幫助，基於這種考慮，我們是否要對孩子的目標做適當的干預呢？雖然這對他來說可能是一種強迫。比如：某個家庭的家庭教育是比較好的，親子關係比較和諧，孩子讀國三，處於比較關鍵的時期，家長會受到應試教育和大環境的推動，讓他不停地補習，孩子本身可能是不願意的，但父母是否應該堅持這樣去做呢？

父母告訴孩子其實讀書永遠都是很累的，是很枯燥的。在他不懂得讀書重要性時灌輸給他這種意識，在他重要的人生階段，要他一直讀書，去參與這個很艱難、很枯燥的過程，這會不會影響孩子的想法和選擇？我們應該這樣去做嗎？

要回答這個問題，首先我們要明白，在陪伴孩子的過程中，這種陪伴包括了什麼呢？包括建設性的干預。比如：你和孩子一起在路上行走，但是前面有個坑，你掉進去過，這個時候你應該怎麼辦呢？你應該對孩子說，前面有坑，請你注意。因為他是未成年人，你作為父母，有義務，有責任，不能讓他掉到坑裡，這時你需要保護他。所以，建設性的干預是要有的。

而且孩子也不會不接受建設性的干預，因為他本身在很多事情上都是要依靠你的，你是主導者。陪伴的平等和自由並不是說不對他進行干預，而是進行積極的干預、建設性的干預。如果說你在陪伴的過程中因為你的焦慮，覺得到處都是坑，進而過度干預，那就不好了。其實沒那麼多坑，這個就是分寸的問題。

還有一件事情我們要弄清楚，在平等和陪伴上我們和孩子都是主導，就像老師和學生的教學關係一樣，課堂既是由學生主導的，又是由老師主導的。辯證地來說，課堂是學生主導，是指課堂是為學生發展和成長服務的，在這一層面上課堂是由學生主導的；課堂又是由老師主導的，因為老師是課堂的教學者，其目標是促進學生的成長。

因為孩子主導自己的成長過程，所以我們不能因為個人的面子、焦慮、壓力，而對其進行過度干預，但有一些干預是可以的，這基於我們對孩子懷有合理的期待，而孩子是知道你對他有合理期待的，他就有可能會把他自己的追求和父母的期待融為一體。

做家長的都希望孩子能夠優秀，能夠快樂成長，能夠健康，能夠發展進步。所以，你要保持期待，要用期待去引導和陪伴他，陪伴中有引導，陪伴中有關懷，陪伴中有期待。這個期待指引著他，但要注意這個期待是一種思想性的支持，而不是掛在嘴邊上的「我要你……」，不是這種焦慮的控制。

但我們外部的大環境是應試教育的環境，是人人爭上游的環境，是焦慮的環境，我們的孩子也需要跟著大家一個步調走。我們難道要跟別人不一樣嗎？標新立異嗎？我們的孩子在標新立異的群體中會更糟糕，怎麼辦？首先是要接受大環境，並且試圖支持和陪伴孩子，讓他認識大環境，並且隨著大環境走。所不同的是，在他與大環境同行的過程中，他有壓力、有焦慮、有痛苦，我們可以感知到他的壓力、焦慮和痛苦，並且願意跟他的壓力、焦慮和痛苦同行。

這就相當於你在生活中遇到了問題，但是還不能解決，所以不得不接受這個問題，嘗試著和自己的問題一起同行，直至問題被解決。當我們願意採取支持的態度和方法，與孩子一起同行時，那麼這個孩子就是幸福的。

因為很多孩子是腹背受敵的，前面有問題、有壓力，後面還有人推著說你怎麼不去解決，就你笨，人家怎麼能行呢？這樣的反應是不行的，是對孩子的一種傷害。

孩子應該在輕鬆的環境裡快快樂樂地成長。我們所做的一切都是為了讓他知道，有一個陪伴他、支持他的人。我們是第一責任人，老師不是，老師還有自己的孩子，還有學校裡的很多孩子，老師再有愛心都做不到無條件地支持和陪伴。所以在孩子的成長中，影響最大的還是父母。

總之，我們要明白，孩子會在發展中遇到各種問題，他也有煩惱、有壓力。陪伴和支持是有建設性的，不是放任的自由，邊界一定要弄清楚，是有分寸的，要分清楚它的性質。

良好的親子關係是親子教育的基礎，因為有了陪伴，有了支持，就建立了心理聯盟。透過家庭遊戲而實現家庭心理的活躍，幫助我們把良好的親子關係建立起來，接下來遇到什麼問題就都不可怕了。

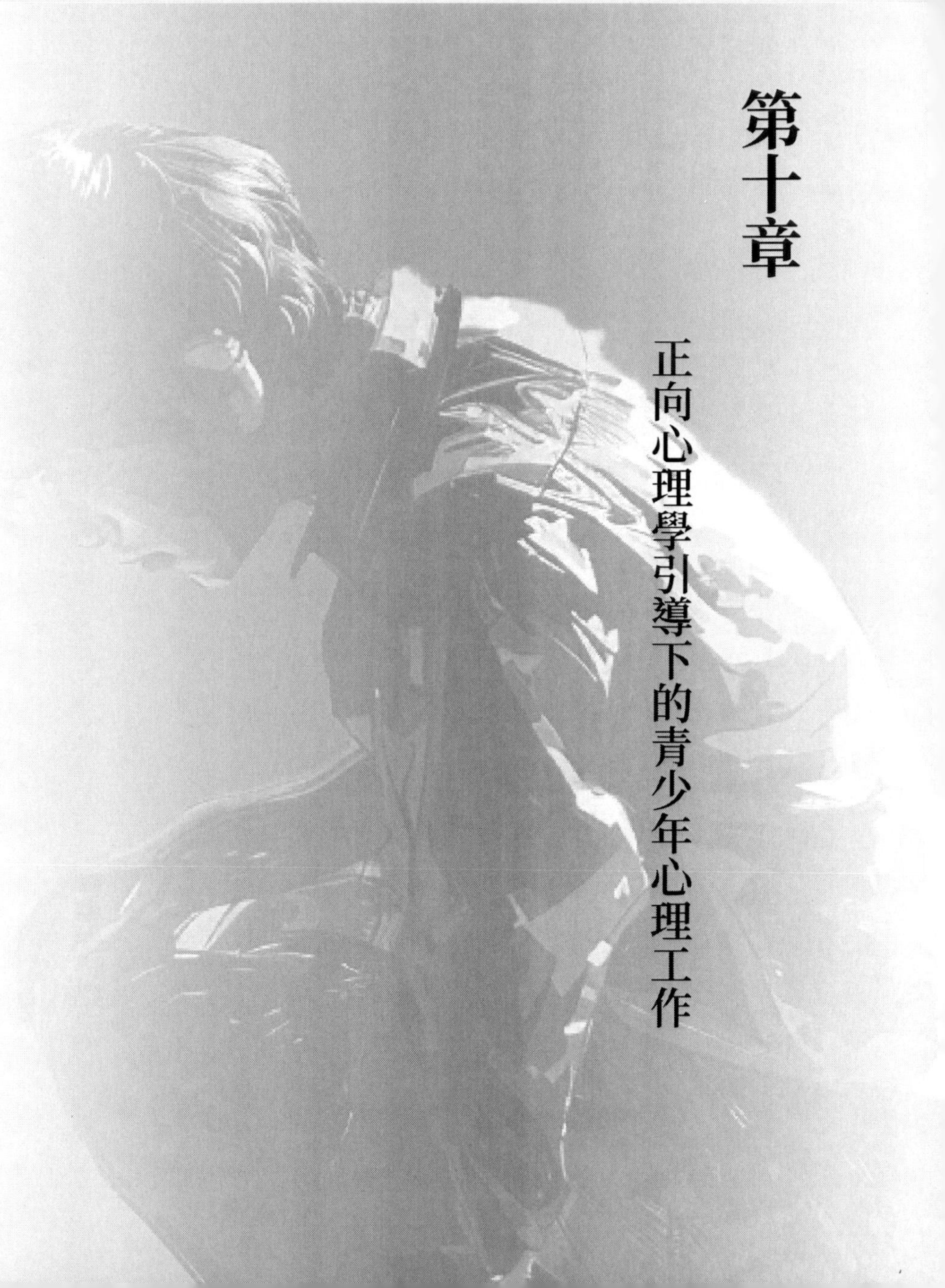

第十章

正向心理學引導下的青少年心理工作

「正向心理學是致力於研究人的發展潛力和美德的科學。」塞里格曼（Martin E. P. Seligman）認為正向心理學的力量是幫助人們發現並利用自己的內在資源，從而提升個人素養和生活品質。每個人的心靈深處都有一種自我實現的需求。這種需求會激發人內在的積極力量和優秀特質，正向心理學利用這些內部資源來幫助普通人或具有一定天賦的人最大限度地挖掘自己的潛力，並以此獲得美好生活。人類的這些積極力量和優秀特質是人類賴以生存和發展的核心要素。

消極心理學把心理學家的注意力引向人類心理的消極層面，導致心理學的畸形發展。這種過分局限的消極心理學取向的模式，忽視與漠視個人的積極特質、自我實現以及社會的發展。越來越多的心理學家了解到，消極心理學取向的研究模式不可能真實、全面地理解與解釋人的本質，心理學不應僅著眼於心理疾病的矯正，更應該研究與培養積極的特質。人類的積極特質是人類賴以生存與發展的核心要素，心理學需要研究人的光明面，需要研究人的優點與價值，實際上，發展人性的優點比修復疾病更有價值。這些內容必須納入現代心理學的研究視野。

從一九六〇年代開始，一些心理學研究者開始探索和研究人的積極層面，相關的論著、個案研究以及實驗研究都大大地推動了正向心理學的發展。研究主題涉及主觀幸福感、快樂、幸福、滿意、士氣、正性情感、負性情感、情緒平衡、興高采烈、幸福覺察、主觀福利、主觀不幸福、可感性生活品質等。這在某種程度上反映了正向心理學不斷增長的意識。無論什麼理由，這個領域已經開始出現萌芽，並且為現代正向心理學的崛起奠定了理念基礎。

一、正向心理學提供青少年心理工作的理念方向

面對青少年出現的各種心理問題與衝突，傳統的心理諮商與治療模式做了許多有益的探索，也取得了許多成功的經驗。但是，傳統的心理諮商與治療是以問題為中心的，

沒有或者很少關注到青少年內在自我成長的潛能和從積極的視角對待其心理問題。我認為運用正向心理學原理與方法進行青少年心理諮商與治療應著重做好以下幾個方面工作。

(一) 確立正確的青少年心理問題觀

從前面的分析可以看出，青少年的許多心理問題是成長的必然，也是成人化過程中「蟬變」的必須。其中的一些問題也許只是我們用成人的標準來衡量時才成為問題，實際上也許未必就是問題。諮商師進行心理諮商和治療時，首先，要立足於青少年的成長過程，客觀、辯證地對問題進行認知和解讀，用積極的眼光看問題，不能將其定型化或道德化，如行為失範、戀愛問題等。其次，要幫助青少年正確認知自己及對問題的界定。許多心理衝突不是由問題本身引起的，而是由於對問題的界定而導致的，如青少年的網路成癮、課業問題、心理壓力等。再次，要幫助青少年以積極的心態來面對問題並且鼓勵他們開發自身的潛能來解決問題，如人際交往、戀愛婚姻、職業心理問題等。最後，諮商師要了解到，一些問題的原因和解決之道可能不在問題本身，或者不在於青少年自身，而在於被隱藏起來的其他心理衝突或者在於他們所處的環境之中，如學習壓力、厭學、暴力傾向等。總之，確立正確的心理問題觀是青少年心理諮商或治療的基本前提。

（二）引導青少年激發積極情緒抵抗消極情緒

研究發現，青少年的許多心理問題是由情緒問題處理不當引發的。情感事件理論（AET）認為，消極情緒有著更強的自發性和彌漫性，這在青少年心理上表現得更為明顯。一個小的矛盾和衝突沒有及時化解，可能會帶來認知扭曲，從而導致對自身或他人的全盤否定。這種負性情緒甚至會引發極端的行為，如果長期得不到解決還會導致焦慮、悲觀、憂鬱甚至社會性退縮。而積極情緒不會自發產生，是需要主動激發的。因此，幫助青少年發現和尋找激發積極情緒的「閥門」，也是青少年心理諮商與治療的重要方面。比如：引導青少年學會積極看問題，學會感激和敬佩，學會欣賞自己和周圍環境，學會付出愛與接受愛，學會自我探索生活興趣與希望以及自我激勵等，並且在消極情緒彌漫時，把積極情緒「擴展」出來。該理論還認為，只要積極情緒配比大於消極情緒，個人就會呈現「欣欣向榮」的面貌。因此，教會青少年衡量和評價自己的情緒狀態，並且適當容忍消極情緒的存在，這也是非常必要的。

(三) 注意培育青少年積極的心理特質

歸根結柢，青少年健康成長是靠積極的心理特質來支撐的，這既是青少年「正能量」的來源，也是成熟人格的象徵。塞里格曼提出了「解釋風格」理論，認為擁有「樂觀解釋風格」的個體有著更強烈的積極情緒體驗和積極的行為方式。他們面臨失敗時會認為失敗和挫折是暫時的，是由外部原因引起的特定事件，不會對後續行為產生消極影響。正向心理學關注的積極心理特質包括好奇心、喜愛學習、思想開放、創造性、高EQ、洞察力、勇敢、毅力、正直、仁慈、愛、責任、公平、領導力、自我控制、謹慎、謙虛、欣賞、感恩、希望、信仰、寬恕、幽默和熱情。儘管積極心理特質的形成是生理機制、個體行為和外部環境交互作用的結果，需要個體長期實踐來養成，不可能一蹴而就。但是在心理諮商與治療過程中，諮商師要善於啟發青少年發現自身積極心理特質並應用到對日常生活事件的認知解釋中，形成「習得性樂觀」的解釋風格，一旦他們學會使用這樣的解釋方式，就有可能進入積極心理特質自我修養的正軌，從而達到較好的諮商與治療效果，並促進個體心理健康。

(四) 為青少年創設積極的環境系統

人的任何心理活動和行為都離不開社會環境的作用。青少年心理成長與發展受環境影響尤為顯著。許多心理問題產生的根源也是來自環境因素。因此，諮商心理師在對青少年進行心理諮商與治療的過程中，要更加關注青少年所處的社會環境。首先，要關注其家庭環境，特別是個體童年經歷以及家庭氛圍，包括父母關係、親子關係、教養方式、目標與期望等，這些都會潛移默化地影響青少年的認知和行為方式。其次，要關注青少年的社會網路，包括學校與班級氛圍、社交、業餘生活狀態等。最後，要關注青少年所在的社區環境，以及更大範圍的社會環境，包括可能對青少年有影響作用的鄰里關係、社區文化、本地區教育形勢、治安狀況、就業形勢乃至經濟發展水準等。透過對青少年環境系統的分析，既可以找到引發其心理問題的根源，也會發現解決問題的對策。在此，特別強調家庭環境和社交群體對青少年心理的影響。

二、青少年心理工作中的「自信」

家庭的自信展現在何處呢？

首先是方向自信。家長可以透過不斷學習去實現個人的成長，學習的這個方向是完全正確的，所以要有方向自信。其次是專業自信，學習的專業是專家經過多年的摸索，總結經驗並結合本土化的情況而創新出來的，如本會團體心理諮商模式得到國家、行業和社會認可，適用於不同類型的人群，使其在團體活動中獲得成長。這個方法已經很成熟了，所以要有專業自信。最後是文化自信，包括我們的價值觀和思想，我們的理念是「人心向上，生命向上，用心靈溫暖心靈，讓更多的人因為心理學而受益，帶動更多的人用科學的心理學維護健康的家庭，創造幸福」，這就是文化自信。

家庭還有一種自信，即每個孩子對自己與爸爸媽媽之間的關係的自信。家庭的關係何以經得住考驗，不會輕易地破裂，那就是孩子對於家庭關係和親子關係有安全感。親子依戀的品質對孩子成長的影響是非常大的。

最早用動物代替人類進行的關於親子連結的實驗研究是從哈洛（Harry F. Harlow）和他的合作者們開始的。哈洛的實驗是將不同年齡的小恆河猴和牠們的母親分離長短不同的一段時間，並用兩種做代理的「母親」模型來撫養小猴：一種是絨布縫製的猴媽媽；另一種是用光禿禿的鐵絲網編成的猴媽媽。鐵絲網猴媽媽的胸前掛著奶瓶，而絨布猴媽媽沒有。實驗發現，幾乎在所有的時間裡，小猴都依偎於絨布猴媽媽身邊，而只有當尋找食物時，牠才短暫地去鐵絲網猴媽媽那。這表明，在生理上對食物的需求和心理上的接觸安慰是分離的，而且這兩種需求能從不同的物體上得到滿足。所以，親子聯結並非像哈洛做實驗之前人們普遍認為的那樣，僅僅取決於食物強化，而更多地來自由母親的身體提供的接觸安慰。也就是說，良好的親子關係更重要的是為孩子提供心理上的安全感、撫慰感。

對嬰幼兒來說，父母的態度和行為應具有前後一貫性，這樣他們才能有把握地預測未來，也才會有安全感。兒童基於昨天什麼行為被允許或得到稱讚，便能推斷今天的什麼行為也會得到允許或稱讚，他們對自己和未來便有了信心，便有了安全感。我們必須明確，對兒童造成威脅的，並不是毒蛇猛獸，也不是自然災變，而是周圍的人尤其是負有養育責任的人的行為疏忽或失誤。如果孩子今天的什麼行為得到稱讚，什麼行為受到制止，並不取決於父母的一貫態度，而取決於父母此刻是否頭痛或消化不良，取決於父母今天的心情是否愉快，那麼，兒童深埋著的不安全感，會給健康人格的形成帶來非常消極的影響。

每個家庭都可以建立幾個自信，可以舉辦家庭心理遊戲、家庭活動，包括家庭一起開會、一起旅遊、一起聯歡，一起去進行戶外活動；共同商談一件事，共同做一個決定；一起參加一場葬禮，參加一場婚禮，參加一次宴會。總之，就是全家總動員，一起去做一些活動，一起學習如何讓家庭幸福。當這些活動多了以後，可以藉助一些機會進行深入交流，鞏固家庭關係。家庭一起做一件事，共同行動，也是一場深刻的家庭教育。

三、職業教育的心理內涵

杜威（John Dewey）是位很了不起的教育家、心理學家。一九一九年中國五四運動的時候，他來到中國，在中國待了兩年，他的學生有陶行知和胡適等人。一九一九年新文化運動興起，他原來只計劃住幾個月，後來發現中國正在進行革命性的文化革新，就在中國舉辦了兩百多場巡迴演講，傳播「職業即教育，生活即教育」的思想，得到了大眾的認可，現在我們很多的教育思想都受到了杜威的影響。

這裡的職業並不是指青年屈服於現今制度的要求和標準找份工作生存，而是要利用科學和社會的因素發展他們的膽識，並且培養他們實際和執行的智慧。杜威提倡的就是職業教育，職業教育不單是教學生一些職業技能，使學生擁有安身立命的本事，同時需要教學生知道這種職業本身的好處，使他能從這份職業中獲得精神上的快樂。這就是我們今天講的，你要是享受到這個過程，這份職業就能使你成為一個心靈豐滿的人。

我的經歷便是如此。我從事心理學教育行業，在不斷幫助別人的過程中，也得到了學習和成長，我要回應大家的期待、社會的期待。比如：我的來訪者期待我是一個有著高尚人格的心理學家，那我就得在自我的這個部分下功夫，我要透過自省、不斷的磨練來收斂自己很多原來的習性。

我的手機聯絡人跟以前是很不一樣的，各式各樣的學生和家長都有。大家跟我的互動過程，逼著我不得不慢慢地在回應大家的期待中，還有在回應學術界對我的期待中，逐漸自我超越。這三年來，心理學教育行業也在發生著變化，學生的素養越來越高，專業水準越來越高，我必須不斷地提升自己，包括理論上的和實踐上的，並不斷總結專業。

我把職業的意義叫做「成為一個人」。因為在我看來，我上學時期的學習使我成長，但我從事的職業才漸漸使我成為一個人，我自己就是最典型的案例。我對「職業即教育」的理解在於，我透過從事心理學完成了我的個人教育。我們不能只把在家庭中和在學校中的教育當作成為一個人的教育，這些都只是部分的，應把在社會中、職業中習得的思想觀念也算進去。因此我們需要一個很積極的心態，青少年心理工作也是這樣的，需要保持積極心態，致力於提升青少年整體素養，幫助其實現自我價值。

職業教育實現了我們社會教育的根本需求。社會上的大多數人在追求意義和價值，而不是只追求自己的物質滿足。法國作家拉布呂耶爾（Jean de La Bruyère）說，有三件事人類都要經歷，出生、生活和死亡，他們出生時無知無覺，死到臨頭痛不欲生，活著的時候卻又怠慢人生。為了不浪費人生，我們要追求意義的教育，其中就包括職業教育。

四、正向心理學技術的四大方向

現在我們來看青少年心理工作的方法，也可以理解為青少年心理諮商、青少年心理教育、青少年心理輔導圍繞正向心理學的四個目標、四個方向，就是積極情緒培育、積極特質訓練、積極意義的轉換以及人際關係的建設。這個和我們做積極婚姻家庭治療的四個維度是一樣的。

(一)青少年的積極情緒培育

青少年在心理發展的過程中，創造、與外部環境的互動、向前發展等都要依靠積極情緒。因此，培育積極情緒占據了工作的主導地位。青少年就像是一臺車，而且是一臺嶄新的剛出廠的車，想要不斷地往前跑，就需要不斷地加油。這臺車的油就是青少年的積極情緒，如滿意、驕傲、自豪、熱情、快樂等。對青少年的積極情緒的培育，就是青少年心理工作的主要方向和目標。

積極情緒的培育，就是讓他產生驕傲感，讓他產生滿意感，讓他產生興趣，讓他產生好奇心，讓他內心有愛、有快樂，這就是我們主要的工作，有了這個之後這臺車就會飛快地向前跑。所以，青少年的心理工作要從正向心理學的角度，從當下的需求的角度去做。事實上，不少青少年才剛剛成長就沒有了熱情，沒有了對生活的憧憬，沒有了對生活的熱情，這是很可悲的，這恰恰是我們青少年的主要問題。對這臺車加油變成了我們主要的工作，所以，我經常會說我們每一個人都是一個加油站，並且就像新能源一樣是可再生的、源源不斷的。

我們要想青少年心理發展得很好、車跑得快，就既要成功又要幸福。現在有很多人認為成功的人不一定幸福，幸福的人不一定成功，不少人確實是這樣的。我們未來要追求的是既成功又幸福，也就是說，既要物質層面富足，也要精神層面富足。

過去的年代，條件艱苦，人們要自力更生。但今天時代不一樣了，我們不能要求孩子一定像我們一樣艱苦，我們要孩子快樂奮鬥，而不是艱苦奮鬥。家裡的經濟條件已經很好了，這時還要孩子再一起體驗吃苦，這就不是與時俱進了。要改變花錢的思路，快樂奮鬥是指讓孩子花錢花在快樂上，花在有價值的東西上，比如：多出去參加才藝班、興趣班，把錢投在學習上，投在自己的個人成長上、塑造上，培養人格的完整和高貴；還可以在放假的時候帶孩子去旅遊，見識世面，放鬆身心，而不是只報個學科補習班，讓孩子的整個假期在枯燥的學習中度過。

很多家長只知道給孩子錢，但是不知道怎麼讓孩子去花這個錢，孩子亂花錢，養成不良習慣後，家長又很慌亂。其實每個家庭都需要一個這樣的顧問，可以評估家裡有多少錢，有多少資源，然後評估一下，家長想要孩子成長為什麼樣，家庭的目標如何，孩子的心理素養如何，再評估家庭與孩子的關係，還有孩子想要成為什麼樣的人，最後全新打造，量身定做一套發展的方案。我們期待青少年心理發展顧問可以全面進入家庭進行工作。

改變思路，就是不再要我們的孩子付出慘痛的代價，犧牲身體健康、自由人格以及寶貴的時間，來獲取成功和幸福，而是要讓我們的孩子享受高品質的成長、學習和發展。比如：家長讓孩子去讀書，孩子拚命讀、刻苦讀，最後把他的熱情消耗殆盡，一碰到書就想吐，他的學習興趣都沒有了，這是一種不可持續的方式。在學習這件事上我們就要改變觀念，讓孩子的學習變得可持續，讓他不論做什麼事情都不是在損害他積極情緒的情況下去做。每個孩子都是有豐富情緒的人，尤其是青少年，他本身就像是一輛新能源車，可用光來發電的車。他跑在路上的時候，會自己發電，會自己持續奔跑。

孩子天生就有很多好奇心，對什麼事物都感興趣，天生就有熱情，在他去嘗試做一些事情時，他就可以獲得驕傲感、自豪感，但前提是家長得讓他去參與，讓他去體驗，得在陪伴的過程中讓他自己去擁有這些。這就是第一個目標——積極情緒培育。

（二）青少年的積極特質訓練

每個青少年在性格方面都有自己的金字招牌，如勇敢、善良、自信、樂觀、希望、韌性、勤奮、刻苦、俠義精神等。我們已經知道培育青少年的積極情緒，就是讓他去參與一些事情，然後他可以自己獲得那種驕傲感、滿意感，從而感興趣地、熱情不減地投入生活和學習，因為社會活動中的遊戲體驗讓孩子非常喜歡。積極情緒的產生，除了遊戲體驗，還來自各個方面的評價以及自己的行動，最終形成穩定的特質。

青少年參與家庭、社會、學校各個環境中的活動時，都需要在此過程中打造積極特質。這時需要家長和教師特別留意，要有一種培育青少年積極特質的意識。在一起參與社會活動的過程中，對青少年進行關懷、鼓勵、肯定，會讓孩子產生被接受、被認可自身價值的感受。

一個自卑的人心理成長的路徑有三條，第一種是接受心理諮商，分析和學習自信的方法；第二種是透過建立一種穩定的關係，讓別人認可自己而產生自信；第三種是自己有計畫地去做一些事情，透過成功實現計畫產生自信感。

這三種辦法各有利弊，第一種諮商和輔導，花錢能實現，但要一直為化解自卑而努力，不斷自我分析，依賴諮商師，效果不一定明顯，要花的時間也較長。第二種透過他人的認可，讓自己感覺到有價值，不自卑。這個方式有點靠運氣，剛好遇到一個人，他誇你，可以跟你建立關係，萬一那個人自身不穩定，也容易崩潰，那這樣的關係也不能長久。一個自卑的人想要獲得一段親密關係，靠交朋友，靠爸爸媽媽誇獎自己，靠老師的肯定來獲得自信，就像農民靠天吃飯一樣，老天不下雨莊稼就沒收成。所以靠人際關係，靠別人給自己蓋章是不可靠的。「你很棒，給你按個讚」，這樣的認同感和成就感，都不如第三種，自己去做一件事，做完了之後，內心能夠感覺到「我做得到」，慢慢就會產生自信而不是以前的自我懷疑。

因此，積極行為對積極情緒的塑造，對積極特質的培養、訓練都是有用的。

(三) 青少年的積極意義轉換

我們不只是在課外去做這些培養青少年積極特質和積極情緒的事，也可以在課內做。比如：我請一位課外輔導老師輔導孩子的英語，同時課外輔導老師也對孩子進行一部分積極特質訓練，專門提升孩子的心理動力。我們可以像建設新能源產業一樣建立一個「心動能」中心，即心能源訓練中心。心能源訓練中心主要提升孩子的積極情緒，當然我們也會把學業輔導加進來，這樣孩子能夠找到學習的方法，自我管理能力也強了，自律性變高。原來管不住自己的孩子，現在能約束自己了，成績也好了，重要的是心理也成長了。這是青少年工作的一個重要的方向，即心理訓練與學業訓練相結合。

當小孩在成長中遇到挫折、遇到困難時，很容易產生一些消極體驗。我們要對他的消極體驗進行干預。比如：孩子被同伴打了一頓，被別人否定了，或者爸爸媽媽不和睦了，家庭遇到變故了，這些不良事件都需要進行危機干預或治療。我們要幫助他進行新的意義建設、人格建設，也就是積極的意義轉換，讓他產生對自我價值的肯定和認同，對自我人格的接納，構建人生的意義，看到生活的希望。

(四) 青少年的積極人際關係建設

青少年積極人際關係建設不只是教他跟別人溝通的技巧，不只是培養他的人際構造，還包含了更大的方面，即適應能力，主要表現在對環境的適應上。青少年學習禮儀，學習如何與人相處，這屬於學校適應的一部分。他們學習怎麼融入團體，體會和而不同，建立與他人的關係，建立自立的自我，這些都在人際關係這個課題上。

總之，站在專案的角度來說，同時也是站在輔導的角度來說，一個青少年來找我們輔導了，我們不要只是按照原來的臨床心理學的治療疾病的角度將其診斷為憂鬱症，診斷為焦慮症，診斷為其他精神疾病，我們不提倡問題化，更不提倡疾病化。

當然，有些問題本身已經表現出某些症狀了，比如：他已經精神分裂了，此時精神科的醫生需要對他進行治療，但是這個治療還是要幫助他發展，最終使他回歸到正常，能成為一個社會中的健康的人，不能夠把他治療成一輩子都吃藥，一輩子都在醫院裡，一輩子要靠別人照顧的人。因為社會上正常的人越多，就能幫助越多的人，這樣建設社會的人越多，這個社會才能越好。

我們希望透過做青少年的工作，以後監獄越來越少，病床越來越少，吃藥的人越來越少，身體健康的人越來越多，人人都能自立，自己管理自己，自己為自己負責。

五、青少年心理工作的四個方向

我們嘗試著回答青少年工作的積極心理技術為什麼是這四個方向。根據青少年的現狀、專家的報告，以及青少年的問題類型與問題背後的因素分析，青少年心理諮商原有的技術要進行調整，青少年心理輔導的四個方向和目標中，需要把積極情緒表達改成積極意義轉換。我們不要把問題病態化，這不是說有病不治，而是要將現狀轉換為積極意義的事物。比如：現在的很多孩子沒辦法與他人社交，無法適應環境，他不出去跟別人相處，這是一種問題，但不是一種病症，這就要尋找轉換的點。

時代越是智慧化，學校的教育越是顯得重要。現在我們非常需要進行學校的心理健康教育，不僅僅是給學生們上心理課，而且課外活動這一塊要把提升人際關係能力放進去，讓學生學習如何與他人交往相處，這種培養是不可忽視的。人類生活越智慧化，青少年在人際關係這個部分就越容易缺失。互聯網最終要向「心聯網」發展，人與人的實際關係要得到提升後，才能慢慢地過渡到機器與人的關係上。如果過渡不好，很多原來的關係被破壞掉了，就更別提人機關係的良性發展了。

從演化心理學的角度來說，我們從小到大生活在群體中，透過人們之間的遊戲互動來成長。例如：孩子們在村子裡追逐打鬧，現在這種情況已經漸漸消失了，就等於天然地培養人際關係的這個部分被按了暫停鍵，被抑制住了。但是實際上我們的需求還在，只是無法被滿足，體驗被剝奪了。這種需求透過與他人交往互動，分享彼此的感受，探討對方的心理彈性、遊戲體驗等來滿足，如果這部分缺失就可能會導致心理疾病，所以，社會上出現了很多有問題的青少年。

我們青少年工作做到這裡，就得有預防性，把這個按了暫停鍵的功能給補充回去，補充完之後，青少年重新有了人際交往的功能，就不會產生一連串的問題，不會出現大量的心理疾病，就可以順利過渡到智慧時代的人機合一。在學校教育、家庭教育、社會教育中，青少年的心理工作應該承載一個過渡的功能，否則會產生大量的問題。因為人類在演化、在走向文明時，尤其是接下來第四次工業革命的到來，就是5G時代的到來，很多時候需要我們動手的工作都被機械代替了，隨之我們原有的心理功能、人際交往功能、情感功能都被抑制了，於是會出現很多問題。這些被抑制的需求包括與他人依戀的需求、愛的需求、歸屬感的需求、溝通傾聽的需求。現在的青少年心理問題增多，本質上也是因為這樣。我們的青少年心理工作，就是幫助青少年發展成才，在未來成為有用的人，領導這個時代和支持世界發展。我們要為他們的心理發展保駕護航，要讓他們在發展上盡量避免出現心理問題，不要喪失了該有的能力。

六、青少年心理工作面臨轉型

我們青少年的心理工作，在現在這個階段，應該與人類社會的轉折和變遷配合起來，是什麼樣的轉折和變遷呢？就是我們由初階的生活生存狀態向高階的生活生存發展狀態轉變，這裡的初階的生活生存狀態是指我們每一天忙忙碌碌的，更多的是為了吃穿，為了滿足生理上的物質需求。

現在人類社會要轉向一個高階的狀態，我們有一部分時間是圍繞精神層面來運行的，比如自我實現，按照正向心理學來講這是一種精神追求。也就是說，我們人類在演化過程中，慢慢從滿足本能的需求，發展到對精神自我的境界的追求。

今天有些人似乎忘記了我們曾經對生命的長短並不是那麼看重，而把生命的價值看得很重。我們今天活得渾渾噩噩的，是什麼意思呢？不注重生活品質，過著沒有意義和追求的生活，對生命意義的追求在下降，才會產生各種問題，因為問題是由於精神層面沒有被滿足而產生的，並不是因為沒有吃飽而產生的。

所以又到了一個歷史循環，今時今日人類又面臨一個反省，面臨一個轉折，我們要把精神追求放到重要的位置。比如：我們一天的時間裡應該更多地放在對精神的富足的滿足上，學習就是其中一種，對自我進行探索，做一些利他的事情，你的社會價值就會增高。從某種意義上來說，今天我們遇到的困境是因為我們動物本能還存在。我們把自己看低了，雖然穿得挺高級的，但實際上自己的行為和精神層面的境界還是比較初階的。

在這樣的一個背景下，面對青少年的心理工作，我們是堅決不能再用初階的方法對待我們的孩子，或者是用初階的方法去教育我們的孩子，以實現高階的目標。

舉個例子，在飯桌上吃飯，這時孩子想吃的丸子端上來了，孩子一看到丸子眼睛都發亮了，他一下子就餓了，因為這是初階的本能需求，是不能夠忽略的。家長會問他，你想不想吃，吃完以後要讀書。然後孩子吃了三顆丸子，吃完了以後家長再問孩子還要不要吃。孩子回答要吃，而吃完後孩子會不會去讀書呢？答案是不會。你用初階的方式去交換實現高階的目標，這是一種錯誤的方式。我們一定要從一開始就用高階的方法對待青少年的心理，不要採取初階的，我們要讓我們的孩子變得高級，或者說我們不要變成高級的，而是不要弄低級了，因為生命本來就是高級的，生而珍貴。

我作為一名社會心理學者，不斷地走進各種層次。我覺得我們對青少年的心理工作應該要考慮到對高階需求的追求。

第十一章

正向心理學技術的應用

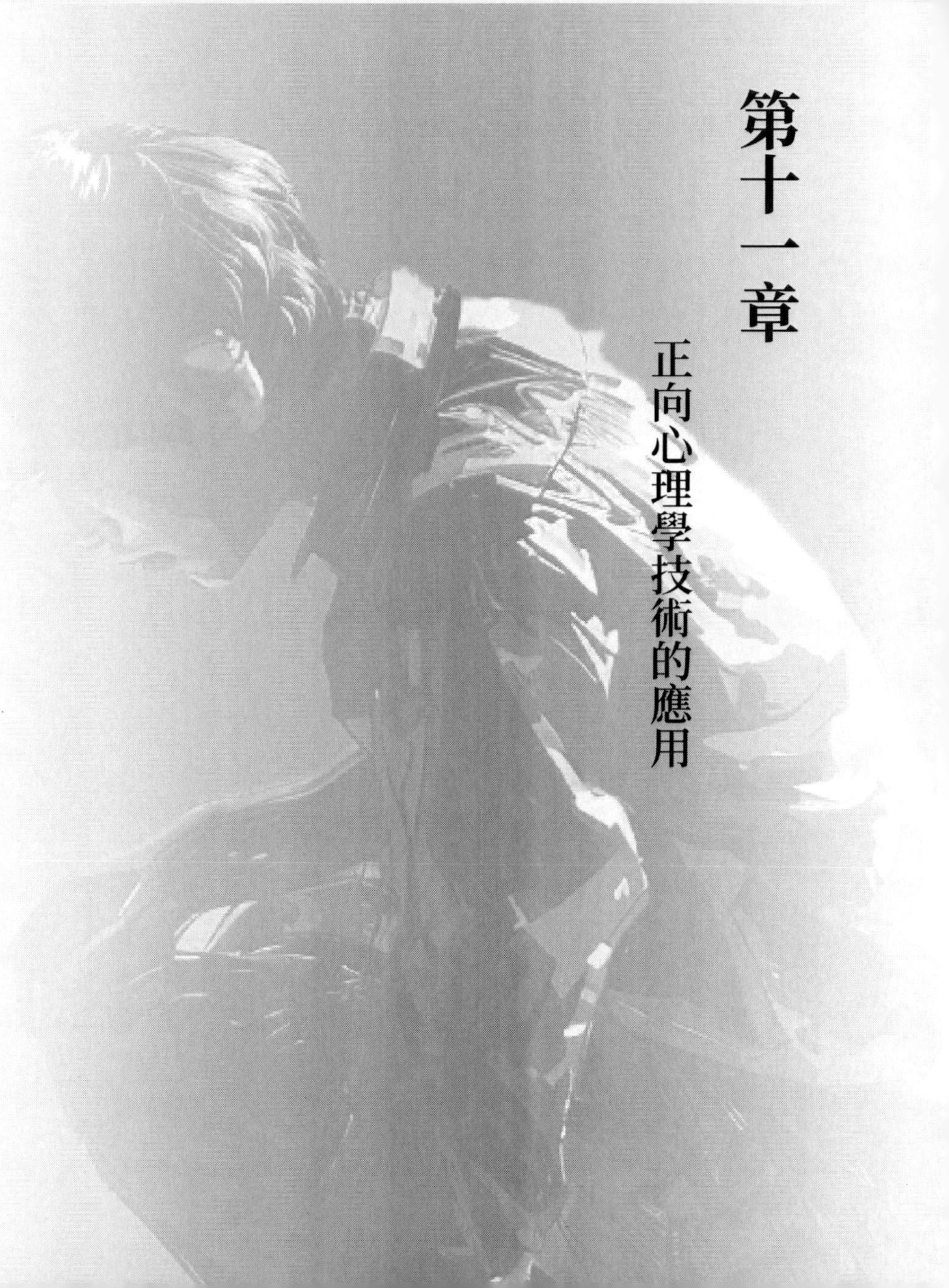

一、模糊認知模式使思維變得狹隘

生活中，我們通常使用諸如「大」與「小」、「直」與「曲」、「像」與「不像」、「好」與「壞」等許多對立而又界線模糊的概念，以及由這些概念構成的模糊判斷。這些概念和判斷反映在人們對事物的評判、認知、分類、規劃調控等各方面。人們常在模糊概念前加一些表示程度不確切的語言來描述事物的狀態，如「有些」、「稍微」、「非常」等，並不是「非此即彼」、「界線分明」的。這種不定性和模糊性也是社會、人文科學方面的普遍現象。

我們在演化過程中為了節省時間去尋找更多食物，對事物的認知變得很模糊，演化出一種認知模式，即模糊認知。有很多和我們的食物沒有關係的資訊和我們看到的外部的環境和東西，我們第一時間就把它放到模糊認知中去。例如：開車或者走路時，有很多東西我們都不會仔細看，這就把它放到模糊認知中去了。這是一種人的本能，因為我們不可能見到什麼都要去把它弄清楚。花時間去研究每一個無關的細節，不僅浪費時間，也沒有意義。

我們對五彩繽紛的事物進行分類，總要依據一定的標準。在現實世界中，有許多事物可以根據精確的標準把它們分為彼此界線分明的類別，一些事物的類屬非此即彼，明確肯定。比如：太陽是恆星，林黛玉是女子，都是關於事物有明確類屬的斷言。但是還有一些事物我們無法找到精確的分類標準，它是否屬於某一類，我們很難做出肯定的判斷；或者說，這些事物從屬於某一類到不屬於該類是逐步過渡而不是突變的。高山、大河、遠親、近鄰等就屬於這類事物。我們把關於這類事物的概念稱為模糊概念，把該類事物的這種類屬不清晰性稱為模糊性。

事物類屬的不清晰性，是現實世界廣泛存在的一種特徵。人文科學考察的一些範疇的界線往往是模糊的，如總體經濟和個體經濟，感性認知和理性認知，都沒有明確的界線。精密科學也不乏模糊事例，如物理學承認物體可以處於一種既非液體又非固體的狀態，化學中的大分子，數學中充分大的自然數、鄰域等概念都是如此。模糊性是現實世界中的常見現象。

這就對我們提出了挑戰，因為很大一部分資訊是沒有價值的，和我們沒有關聯，所以模糊認知是可以的。而現在，身處資訊爆炸的時代，有價值的資訊和沒有價值的資訊不易分類了，我們原有的模糊認知的這種本能啟動以後對我們認知的選擇提出了挑戰。同樣是二十四小時的時間，但因為模糊認知，把所有時間都集中於某件事上，就淘汰了不少有價值的東西。所以，這對我們今天的考驗就提升了，對思維特質水準的提升就變得很重要了，包括認知選擇的能力和迅速判斷的能力。

心理學認為，直接去了解成人當前的心理過程，不如透過觀察他在成長時期表現出的行為傾向去了解。這就是說，考察人的認知要連繫該人的經歷、認識發展過程、思想發展過程等，即要考察該人經歷的一切和對該人未來的預測。

在認知發展的任何水準上，先前形成的認知結構是認識產生的必要條件。這種在先的認知結構本身不可能是純而又純的，往往是複雜中包含著美好。它影響著人們了解問題、分析問題和解決問題的方式和效率。這裡，認知結構作為一種客觀的在先認知，它不能不在認知的結果中打上主體的烙印。

一個有積極情緒的人，他在認知上是擴展的、寬泛的，所以，他看問題容易從客觀的角度，而不僅僅是從自己的角度出發。他在選擇時就更容易選擇到更需要的東西。而那種積極情緒水準低的人，在認知上就比較狹隘，自以為是，容易鑽牛角尖。這個很容易理解，就是一個比較消極的人在跟別人辯論、交流一些東西時，更容易鑽牛角尖，不容易在認知上放開，解決問題時也是很「笨」的。

生物心理學上模糊認知的概念轉向認知心理學上模糊認知的概念。在資訊爆炸的時代，我們面臨的挑戰就是認知、資訊、思維的挑戰，這個挑戰對很多人來說是困難的，所以就會有大量的人每天隨波逐流，被時代裹挾著前進，找不到自己，浪費人生，碌碌無為，沒有成就。

我看到很多人兜兜轉轉到處跑過兩三年之後，還在原地打轉，並沒有實現自己的目標。因此，對我們的孩子來說，成為一個隨波逐流、被時代裹挾著走的人，那是件很糟糕的事情。

二、正向心理學技術

青少年心理工作的正向心理學理論已經有了四個方向，每個方向都需要從個體諮商和團體諮商的角度去探索一個輔導的流程和技術。回顧前文，我們有提到「真誠」，包括真誠支持陪伴和積極回應共情，以及「家庭遊戲」、「優勢評估」、「需求澄清」等。

心理輔導的方法很多，用得最多的就是談話療法、精神分析法、認知療法等。還要用一些能夠發揮建設性作用的，就是能夠促進積極行為的一些技術。比如：有些輔導是在諮商室裡做的，父母和孩子一起做一個評估，還有與孩子一起去探討一下對自己的認知。這些都是青少年輔導的基本技術和常規技術，是我們諮商心理師都要掌握的。

常規技術和基本技術是兩類技術。基本技術如真誠接納，可以達到陪伴和支持的效果。常規技術可以去化解來訪者的一些問題並給他一些積極的建設。然後再增加一項家庭作業，這樣就能達到技術上的三位一體了。

我們要能把基本技術用好了，其實力量是很強大的。像真誠的技術如果能用好了，陪伴和支持的作用達到了，對孩子成長的幫助無疑是巨大的。現在我們學習心理輔導有個迷思，就是熱衷於學習多種技術，最基本的技術卻用不到位。

舉個拳擊的例子，傳統的拳擊運動員總是打不好，一上臺散打就很厲害，這是因為注重了基礎練習，有扎實的基本功。「練拳不練功，到老一場空」，只要我們學會了這一套心理諮商的基本「拳法」，如共情、真誠、傾聽、重複、描述、會心技術等，接下來就是練功，而功力在於我們自己的人格層面的提升。

現在心理學的工作者，很多也出現這種情況。練拳不練功，總覺得這個拳法不行，於是再練一套拳，再學一套技術。到最後，技術學習了很多，但是沒有一個有深厚功力的，這樣就不好了。基本技術實際上是基本拳法，是最重要的基礎。

當我們遇到個案，需要做一些重要處理時，比如建設性指導，那麼這個時候一些常規技術就可以用上了。常規技術也不是一成不變的，而是可以根據我們做的個案的情況，圍繞他需要的目標，臨時創設一些常規技術，或者以前心理諮商體系裡有的一些技術，我們也可以拿過來用。像心理劇的「空椅子」技術、薩提爾（Virginia Satir）的家庭雕塑、繪畫療法、音樂療法、家庭金魚缸、「我的六個家」等，只要達到我們的認知澄清評估，以及對來訪者有建設性的指導的目的，那麼所有過去的合適的技術都可以用上。圍繞陪伴和支持這樣的基本目標，有基本技術，又有功力，就可以做得很好。基本技術你是完全可以操作得很好的，但這只是一個輔助手段。

所以家長們切記不要本末倒置了，不要基本技術沒學好，就去學常規技術，常規技術沒用好，然後去學高超的技術。高超的技術，如家庭排列、催眠、沙盤等，其中沙盤技術來自心理分析，心理分析的創始人是佛洛伊德的學生榮格，榮格把文化心理學中的文化符號的理論放在精神分析中，從而創立了心理分析。沙盤技術很簡單，在一個沙盤上看似有一千幾百個沙具，但這一千幾百個沙具都在我們的整個文化符號體系中，如果不了解整個文化體系的符號系統，怎麼可能掌握好這個高超技術，怎麼可能做好沙盤呢？

因此，基本技術學會了要把功力提上來，讓基本技術真正達到效果。要掌握好基本技術，必須練功力。練拳不練功，腿底下沒力，容易被擊敗，所以要鍛鍊力度，測試柔韌性。做心理工作也是一樣的，學會了某些基本技術，但能否真正掌握就要看功力了，如共情這個基本技術，很容易學會，但是你的人格共不共情，你的包容溫暖度夠不夠，你對別人是否能真正地接納呢？這很考驗一個諮商師的功力。經典電影中的李小龍，一拳可以打倒是自己三倍體重的人，靠的就是「三合一」，即速度、力量以及柔韌度。同樣地，一個真誠的技術用得很好，就完全可以達到「一招制敵」的效果。

所以，基本技術是最重要的。基本技術有了，也練好功了，然後才開始創新常規技術。如果你成為專家，你到了更高級別，你就可以慢慢學習那些高超的技術，比如催眠、沙盤技術等，以達到療癒的效果。現在我們心理行業中的學習者的問題就出現在不注重學習基本功，也不練習，更不使用常規技術，也不懂創造，只一味朝著高級技術去學習，實際上是本末倒置的。

沙盤的每個沙具，都可以代表不同的符號，一個沙具代表幾種以上的意義，而且不同的文化背景下，它代表的意義不一樣。比如：白天擺它代表的是什麼，晚上擺它代表的是什麼；男人夢見它代表的是什麼，女人夢見它代表的是什麼；不同年齡階段的人選擇它各自代表的是什麼；我們都一概不懂。比如：唐朝時，人們對這個符號是怎麼認識的，宋朝時是怎麼認識的；這個符號開始被人們認知，它在人類心裡的演化過程是怎麼樣的；很多人都沒有這個體系，也就是冰山下邊的那個部分我們都沒有了解，只知道上面的那一層意思，依樣畫葫蘆地擺一擺，然後就是找關聯，找擺得不舒服的地方談感受。所以，現在沙盤技術常常被濫用而且沒有發揮效果。很多諮商師並沒有深入地去學心理學文化符號和集體無意識的東西。

家庭排列也是這樣，我們的諮商師將之學習過來以後就變味了，有些人舉辦一些「體驗死亡」的危險活動。催眠療法更是如此，不少人利用催眠療法的神秘性，不分何種情況就進行「人橋」試驗。「人橋」實驗是指催眠師在催眠狀態下隨便安排一個人站在被催眠者身上，被催眠者感受不到重量，從而支撐起了一個人，這樣就好像顯得催眠師水準高，實際上是無用的，而且違背了催眠的使命，那是屬於表演催眠而不是催眠治療。因此，我們在做青少年心理輔導工作時，依靠的還是最基礎的基本技術，然後運用常規技術，如果未來我們可以創造出更加獨特有效的高超技術並運用好，那麼做什麼樣的心理諮商都會很好。

三、正向心理學理念

正向心理學是心理學領域的一場革命，也是人類社會發展史中的一座新里程碑，是一門從積極角度研究傳統心理學所研究的人、事、物的新興科學。正向心理學作為一個研究領域的形成，以塞里格曼在二〇〇〇年一月發表的論文《正向心理學導論》為代表。它採用科學的原則和方法來研究幸福，宣導心理學的積極取向，研究人類的積極心理特質、關注人類的健康幸福與和諧發展。

正向心理學是針對消極心理而衍生的一種重要理念。正向心理學側重於透過對人心理活動的深入解讀，將人潛在的、積極向上的、具有建設性的內在力量挖掘出來，能使人更好地探尋與感知到各種幸福因素，促使人的心理不斷向健康的方向發展。青少年階段的學生即將面臨人生的重要轉捩點，難免會出現各種不良情緒及心理問題，將正向心理學理念應用到心理健康教育過程中，正是促進青少年身心健康發展的重要手段，能為青少年今後的順利發展奠定扎實基礎。

正向心理學體系包括主觀幸福感領域的研究。主觀幸福感是試圖理解人們如何評價自己生活狀況的心理學研究領域，是人們根據內化的社會標準對自己生活品質的肯定性的評估並由此而產生的積極性情感占優勢的心理狀態。主觀幸福感研究關注人們積極心理狀態——主觀幸福感水準的差異。其研究涉及主觀幸福感的本質、影響因素、心理機制評估以及如何增進人們的幸福感水準等。研究指出：「幸福感是人類經驗中的一個強勁的首要的維度，幸福感研究生機勃勃。」威爾森（W. R. Wilson）在一九六七年寫第一篇幸福感研究領域的〈自稱幸福的相關因素〉（*Correlates of Avowed Happiness*）時，主觀幸福感研究僅有二十餘篇。目前已經碩果纍纍，特別是進入二十一世紀以來，其研究溫度驟升，在理論、方法和相關研究中都取得了巨大的成果，成為現代心理學中引人注目的重要分支。

實際上，主觀幸福感的研究是在消極心理學的土壤中生長起來的，且正向心理學的種子與健康心理學有著密切的聯繫。主觀幸福感的代表人物迪納（Robert Biswas-Diener）認為，心理健康有三個重要象徵：

- 主觀性。心理健康是個人的主觀體驗，客觀條件只作為影響主觀體驗的潛在因素。
- 積極方面。心理健康並非僅僅是消極因素較少，同時也是積極因素較多。
- 多維性。心理健康應包括個人生活的各個層面。根據他的觀點，後來的研究者把心理健康分為正負兩個重要方面。傳統的心理健康研究與評定，實際上是一種消極取向模式的心理學，主要研究「不健康」狀態或者病態，而不是研究健康狀態。而主觀幸福感則是從相反的方向，即從積極的層面來研究與探討心理健康問題。正向心理學早期被認為是對傳統心理學目的的補充和附屬，後來逐漸發展成為心理健康研究的新方向與主流。

目前，研究者越來越多地使用主觀幸福感指標作為心理狀況的正面指標。加德納（Howard Gardner）認為，促進幸福感應該是心理健康的主要目標，心理疾病患者康復的基本目標之一應該是主觀幸福感水準的成長。安東尼（Anthony Clare）等人也尖銳地指出，把心理健康的操作性定義和測量局限在沒有精神疾病中，這是不公平的。精神症狀的消失和康復的結果是產生幸福感，僅僅使用精神症狀的測量作為心理健康指標是不科學的。這些認知促進了主觀幸福感在心理健康評估中的應用，並且已經從個別的評估演化為普遍趨勢。這種趨勢在最近二十年間持續不斷地成長著。實際上，主觀幸福感研究的興起反映了從「ill-being」取向到「well-being」取向模式的轉換，即從消極心理模式向積極心理模式的深刻變革。

另外一個正向心理學研究領域是瑞安（Richard M. Ryan）和德西（Edward L. Deci）的自我決定理論。其定義一方面包括自我實現，另一方面試圖指明自我實現的意義以及如何實現。自我決定理論涉及人的三個基本需求：能力需求，關係需求，自主需求。這些需求滿足可以提升人們的幸福感，促進社會發展。支持自主、能力與關係的社會能夠促進個人發展。該理論認為：三種基本的心理需求（自主、能力和關係）的滿足會促進人的發展，因此被視為人本質的生活目標。在他們看來，基本需求不僅僅是心理發展的最低要求，同時也是社會環境必須提供給人們以促進其茁壯成長和心理學發展的基本養料。阻礙這些需求的滿足，不管在什麼社會與文化背景下都會導致消極的心理後果。研究指出，只有一種方法可以促進人們的健康發展，那就是重視個人成長、自主、良好的友誼和社會服務。不斷努力追求內源性目標，所謂「好的生活」就是個體為其個人成長、獨立、與他人深厚的友誼和社會服務的努力過程。而德西根據人類發展模式提出多維模型，包括：

■ 自我接受。積極的自我評價及對個人過去生活的接受。
■ 人格成長。不斷成長和成為自己的感覺。
■ 生活目的。相信自己的生活目的和意義。
■ 良好關係。與他人關係的品質。
■ 情境掌控。能夠有效處理個人生活與情境的能力。
■ 獨立自主。自我決定的感覺。

這些研究取向的共同點就是強調人格成長、自我決定、友好關係、社會貢獻對個人與社會的意義。而良好的社會也有責任和義務促進個人的發展，從而把正向心理學的視野導向一個更加開闊與深刻的境界。

正向心理學的其他研究思想還有認知方向研究。其從積極的認知角度發展了正向心理學體系，認為人不是被動地體驗事件和環境，相反，所有的生活事件都是「認知過程」，是個體的分析和建構，預期與回憶，評價與解釋過程。多樣化的認知操作與動機過程對人的心理具有重要的影響。認知理論包括選擇模型、保護水準目標理論、社會比較和應對方式理論，這些均涉及主觀的認知心理過程。這些過程透過控制「人－環境」反應方式調節環境影響，並在一定程度上喚起和提前反應。認知研究發現，人們對常規和非常規的事件的反應情況與不同的幸福感水準有關。例如，幸福者：

- 具有更樂觀的策略和性格；
- 傾向於用積極的方式建構生活情境；
- 預期未來適宜的生活環境；
- 感覺能夠控制自己的收入；
- 對自己的能力與技能擁有自信；
- 能夠化消極為積極，並思考自我以及與自我有關的問題。

福克曼（Susan Folkman）、泰勒（Shelley E. Taylor）等則描述了人們應付問題的認知與動機過程。發現積極的和有意識的良好方式對人的心理健康極有價值。諸如：

- 表現出積極幻覺；
- 從消極事件吸取積極的意義；
- 應用幽默、信念、意志應付困難；
- 不鑽牛角尖；
- 用適合的方式進行社會比較。

所有這些均能夠減少緊張並促進心理健康。因此，理解人的認知差異具有重大的理論與實踐意義。這種研究途徑為實施積極的心理調控與干預提供了一個有效的方向和可行的策略。

在過去的近一個世紀裡，心理學主要研究消極心理並發展出正常與病態的標準。那麼正向心理學是如何看待心理健康的呢?沙洛維（Peter Salovey）等對消極心理學研究模式進行了反思，指出過去大量的研究集中在消極情緒如何促使疾病的發展，而沒有關心積極的情緒如何增進健康。積極的情緒具有重要的價值，這是一個眾所周知但心理學研究甚少的主題。他們認為積極的情緒具有更好的預防與治療效果，既有直接效果——促進人體免疫系統發展，也有間接效果——增強心理統攝、促進社會資源利用與健康行為發展。他們的系列研究證實了樂觀與希望能夠有效地增進健康。沙洛維及其合作者認為，樂觀信念能夠保護人們免除疾病。例如：在自身免疫性疾病（AID）研究中發現樂觀者出現病理症狀的時間更晚。

積極心理主要包括以下四個方面：

◆積極情緒

積極情緒是影響幸福指數的重要內容，積極情緒一般以三種方式呈現：過去性的積極情緒、現在性的積極情緒及未來性的積極情緒。積極情緒對人的影響十分明顯，如構建和諧人際關係，創造生產價值的機會，以積極心態及方式看待人、事物及世界等，能使人的生活方式及態度發生轉變，提高生活的品質。獲得積極情緒的途徑有很多，如充分睡眠、身體鍛鍊、社交活動等，擁有積極情緒的人，其心理必然也處於健康發展狀態。

◆積極動機

積極動機通常分為三個不同的層面，即成就動機、合群動機和利他動機。成就動機能給人提供明確的生活及發展目標，從而引導人不斷付出努力，透過預設目標的不斷實現，使人更好地感知自身的存在價值，從而更加認同自己；合群動機能夠最大限度地減少人際交往中的功利因素，能避免人出現生存於社會中的落寞感，構建更好的社會人際關係；利他動機能夠提高人的道德素養，使人的利他主義傾向更加明顯。

◆積極自我

積極自我是指人對自我心理的調節，主要方式是自我防禦及自我評價等，能及時對負面情緒進行有效化解，是使人保持積極心理狀態的有效方式。強烈的自尊心和自我存在感，能在積極自我心理狀態下發展成為強大的個人能力與發展能力，既能夠在自尊心的驅使下創造更多展示自我的機會，避免失敗行為的發生，不斷獲得心靈愉悅感，還能夠在自我存在感的引導下，以長遠的目光審視生活資源及發展資源，並以合理的方式來規劃與應用，更為快速地實現預設的生活目標。所以，正向心理學中的積極自我內容，是確保人的自我發展和生活發展目標實現的有效途徑。

◆積極改變

每個人在生活中都會不斷遇到各種困難與挑戰，而當人具有積極改變的能力時，便可以不斷獲得成長與發展。因而，積極改變就是指人們在面臨生活困境之時，對自我意識的喚醒，能及時反思與總結現狀，在完成自我評價的基礎上，達成自我改變的目的。透過不斷的積極改變之後，人的心理承受能力會越來越強，自然能夠更快速、高效地改變生活面臨的困境，對人的順利發展非常有利。

第十二章 青少年心理諮商實例

一、倫理解釋

本節將分享一個現場實操演練的案例。

在實操演練過程中，現場的家長只是觀察者，第一不允許拍任何照片，第二不允許錄影，第三不允許錄音。已跟家長及未成年人簽署知情同意。

二、案例演示

諮商師：給孩子一個話筒！你好，孩子！

來訪者：你好！

諮商師：你好！你今天在這樣的一個場合被叫過來是怎樣的一種心情，願不願意過來呢？

來訪者：願意的吧。

諮商師：哦，願意的吧！願意得有一點勉強是吧？沒關係的，你有什麼想法都可以直接說出來。你今年多大了？

來訪者：十三歲。

諮商師：哦，十三歲，十三歲應該是讀國二還是國一呀？

來訪者：國三。

諮商師：呀，都國三了。

來訪者：明年國三。

諮商師：啊，明年國三，馬上就要國三了是吧？

來訪者：嗯。

諮商師：那今天坐到這裡想跟我說點什麼？沒有關係的，就是心裡怎麼想就怎麼說，實在是沒有問題，我們就聊聊天，好不好？沒有想起來問題。嗯，那我們就說說話吧，好不好？那你今天願意不願意設置一個話題，今天這個話題由你來主導，你想談什麼我就陪你談什麼。

來訪者：可以。

諮商師：你感興趣的好不好？

來訪者：你說吧！

諮商師：我說，好吧，你是不是有一點緊張啊！面對這麼多人，是不是？那就談一談你最近心裡一直在想的一件事，你看好不好？就是你腦子裡不斷地在想這件事情，它不斷地跳出來，那就是你最關心的事情，我們說說是什麼。

來訪者：唱歌。

諮商師：唱歌，你喜歡唱歌嗎？喜歡到什麼程度？

來訪者：就是不管在哪兒，一唱歌我就開心。

諮商師：哦，不管做什麼，一唱歌就開心，那為什麼一直在想這個問題，想唱就唱吧！

來訪者：不知道。

諮商師：不知道，想唱但不知道能不能唱？按照自己的意願想怎麼唱就怎麼唱，能不能？

來訪者：不能。

諮商師：不能，為什麼？是誰在阻攔你？

來訪者：唱得不好聽。

諮商師：哦，唱得不好聽。唱得不好聽的時候會想什麼？就是又想唱又覺得自己唱得不好聽，有這樣的想法是嗎？那這個時候會怎麼做呢？

來訪者：不唱了。

諮商師：就不唱了，本來是特別想唱，然後就不敢唱了是吧？我記得我小時候是在鄉下長大的，青春期裡的我最喜歡的一件事就是唱歌，有的時候我自己唱著唱著就哭了，而自己開心的時候唱著唱著就笑了，就是這樣的，你有沒有這種情況啊？

來訪者：有。

諮商師：也有啊！你最喜歡的歌是什麼？

來訪者：最喜歡的是〈我願意平凡地陪在你身旁〉。

諮商師：哦，你願不願意唱給我聽？

來訪者：我唱得不好聽。

諮商師：我就喜歡唱得不好聽的，好聽的，那就在電視上聽吧！有什麼意思是吧？你唱唱！你唱兩句。

來訪者：（唱歌）長得醜活得久，長得帥老得快，我寧願當一個醜八怪積極又可愛！長得醜活得久，長得胖日子旺，我寧願做一個平凡的人陪在你身旁！

諮商師：哇！這麼好聽！

諮商師：孩子，我看見你在唱歌的時候，似乎眼裡有淚水流出來，是嗎？如果覺得委屈，就讓眼淚流出來，沒關係的，我陪著你。

來訪者：謝謝。

諮商師：剛才你在唱歌的時候，我心裡面特別感動，感動你唱的那首歌的歌詞，就是「長得醜活得久」，對吧？其實有一點搞笑，但是我還是覺得特別感動，這首歌裡讓你最感動的歌詞是哪一句啊？

來訪者：最後一句。

諮商師：最後一句是什麼？

來訪者：我寧願做一個平凡的人陪在你身旁！

諮商師：我寧願做一個平凡的人陪在你身旁，其實我們做一個平凡的人就好，是嗎？在你的生活中有沒有一個人願意陪伴在你身邊，無論你好與不好，無論你學習是優秀還是不優秀，無論你表現好不好，無論你長什麼樣子，他都願意時時刻刻地陪伴在你身邊，不會指責你，不會吵你，不會訓你。有沒有這樣的一個人？沒有是嗎？那你希望身邊誰能這樣做，希望有誰去這樣無條件地支持你？

來訪者：爸爸媽媽。

諮商師：你是希望爸爸媽媽這樣做，是嗎？是不是對他們有一些失望，覺得他們做得不夠好啊！如果平常想哭的時候一般都會怎麼做？

來訪者：把自己鎖到臥室裡。

諮商師：把自己鎖到臥室裡邊不出來。你有沒有嘗試著用一種方法去表達？比如：向爸爸媽媽說出自己真實的想法。有沒有嘗試過？那你有沒有嘗試過其他辦法啊？比如：像我小時候，不開心的時候就會唱歌，把自己都唱哭了，跟你剛才一樣，有沒有這樣？平常是不是這樣的？也會用這種辦法是吧？是不是唱完之後心情會好一點？是不是覺得寫歌詞的那個人其實也是很棒的？你說寫歌詞的那個人，他會不會也有過這樣的經歷，不然怎麼會寫出來，對吧？看來像我們一樣希望得到陪伴、希望得到關注的人還不少。一定會有很多人喜歡他的歌，對不對？那你有沒有嘗試過？

比如：我其實心裡特別希望爸爸媽媽多關心我一點。我跟你講個故事吧。我小的時候，我們家兄弟姐妹特別多，我上面有兩個哥哥，兩個姐姐，還有一個弟弟，我在家排行老五。我其實希望我媽媽對我好一點，多關注我，但她總是做不到。因為她要去田裡工作，因為孩子多，所以在這種特別忙的情況下，她就顧不上我。我特別想媽媽多愛我一點，但是又不知道怎麼做。那個時候我跟一個同學玩得特別好，我就跟我同學說：「哎呀，你知道嗎？我上次生病了，然後我媽媽對我特別好，她會主動關心我。」我還跟他說：「你有沒有看電影裡那個人生病了，就是那種不知道怎麼回事就突然暈倒了的病，他得的病為什麼那麼嬌氣啊，我能不能也生這種病，我生病了之後我媽媽就對我好了。」這一幕我記得特別清楚，然後我同學說：「對呀，我也想得那種病。」那個時候其實就是想得到家人的關注。你也是這樣想的嗎？有沒有跟同學說過？

來訪者：沒有。

諮商師：沒有，那你自己也在偷偷地想辦法，是吧？就像我一樣，偷偷地想如果自己生病了，就會得到更多注意、更多關愛、更多陪伴，對吧？我今天在想，既然我們坐到這，我們能不能定個小目標？就是在進行簡短的談話的這一點時間裡，我們談一談關於如何能夠實現我們內心的需求，能夠對自己多一點掌控感，願意不願意我們一起探討這個話題？好，那你現在目前想到的辦法是什麼？

來訪者：沒什麼辦法。

諮商師：你看，沒什麼辦法，你嘗試過什麼辦法？跟我說說。

來訪者：都嘗試了。

諮商師：我覺得我不太相信。

來訪者：想想。

諮商師：再想想是吧？那你過去有沒有嘗試著跟父母說一說，就是跟他們說我其實希望你這樣做，我其實希望你多陪陪我。有沒有嘗試過？

來訪者：沒有。

諮商師：那為什麼不嘗試呢？就是肯定想過是吧？自己特別想跟他們表達自己這樣的一個願望，但是並沒有付出行動，在想與行動之間有什麼事情成了障礙，它阻礙了你，使你不敢去行動，不敢去嘗試。

來訪者：我怕我說出來，我爸媽就不理我了，我還有弟弟。

諮商師：哦，你還有弟弟。你怕說出來，爸爸媽媽就不理你了。你弟弟多大了？

來訪者：一年級。

諮商師：弟弟上一年級了！好的，沒事，讓眼淚掉出來，你就把我當成誰，你就把我當成好朋友一樣，可以把心裡話告訴我。我願意陪著你，就當我們說說心裡話。我有的時候也想哭，我想哭的時候就告訴自己，我要好好關愛一下自己，既然別人都顧不上關愛我，我就好好關愛一下自己，我想哭就哭。我想哭了，我就用力地哭一場。為什麼要憋住呢？憋住心裡會更難受，你有沒有這種感覺？那我們想個辦法吧，我們還是回到我們想辦法這條路上，我們想辦法去嘗試著跟他們溝通。因為什麼？因為我們內心有願望，我們只是擔心他們會不理我們，可是不一定啊，對吧？那如果我們一直不嘗試，他們也不去改變，那我們內心的願望怎麼實現呢？

來訪者：不實現這想法。

諮商師：那不行，那可不行，要是換成我，我可不要。憑什麼？我還沒有嘗試，很快我就長大了，我想想，那個時候我其實特別希望跟他們說一句話，但是沒有說出來，是不是很遺憾？或者有一天，你爸爸媽媽說，你怎麼不跟我說呢，我都不知道，我光忙別的事情了，我都把你忽略了。萬一有這種事情怎麼辦呢？你想沒想過會遺憾？

來訪者：那他們要忙別的事情，他們哪還有時間來顧我啊！

諮商師：那不一定，因為我們又沒有去行動，對不對？要不我們模擬一下吧。爸爸媽媽，你願意當誰，你們家當家的是誰？你最想讓誰陪伴你？

來訪者：都不想，讓他們去忙吧。

諮商師：都不想，讓他們去忙吧，哈哈。這是個假設，我們現在不是在想辦法嘛。

來訪者：爸爸。

諮商師：嗯，爸爸，那要不我來模仿你，你來模仿爸爸，好不好？就當我們玩個小遊戲，行吧？在模擬之前，你先跟我說說平常你都是怎麼跟爸爸互動的，為了模擬得更像一點，不然我演得不像你，就進入不了角色。

來訪者：你跟我說怎麼做，我才知道怎麼做。

諮商師：就是在你的印象中，你最近一次跟爸爸互動的一個場面，是一個什麼樣的場面？

來訪者：昨天晚上。

諮商師：啊，昨天晚上，昨天晚上發生了什麼事情。

來訪者：我打電話給他，然後我弟弟接了，我說讓我爸接電話，然後我爸接電話了，但他掛了。

諮商師：他掛了，為什麼？

來訪者：不知道。

諮商師：不知道，不知道為什麼就掛了，是不是弟弟掛的？

來訪者：不是，他接了，「喂喂」了兩聲，然後就掛了。

諮商師：那個時候你心裡面是不是特別不開心？你在想什麼？那個時候你在哪？

來訪者：在外面。

諮商師：在哪兒？

來訪者：就在×××。

諮商師：在×××，那爸爸在哪？爸爸跟弟弟在哪？

來訪者：在家。

諮商師：他在家，你打電話給他，當時是想做什麼？

來訪者：我想罵我弟弟。

諮商師：你想罵你弟弟一頓，為什麼拿出電話，你弟弟接了，你不罵他呢？為什麼不罵他？然後你就讓你爸接電話，讓你爸轉達你罵弟弟的話嗎？

來訪者：是怕他直接掛了，我更生氣了。

諮商師：我沒聽清楚。

來訪者：要是我直接跟我弟弟說，罵他，他掛了，我不就更生氣了？

諮商師：哦，假如你弟弟說你，你掛了。

來訪者：不是，我說，假如他接了電話，我就直接罵他，然後我罵一半他就給我掛了，我就更生氣了。

諮商師：我知道了，假如我打過去電話，他接電話了，我直接就罵他，還沒罵完，然後人家就掛電話了，就把我憋在這了，對吧？所以你說就讓爸爸接，但是你爸爸把電話給掛了。那你弟弟惹你這件事，你爸爸知道不？

來訪者：應該不知道。

諮商師：他應該不知道，最後你也沒罵成。

來訪者：嗯。

諮商師：那你心裡是怎麼想的？就是打電話想罵弟弟。然後讓弟弟跟爸爸說接電話，爸爸接了就把這個電話掛了，罵也沒罵成，轉達也沒轉達成。那你的心情是什麼？心裡是怎麼想的？

來訪者：不知道。

諮商師：心情好不好？

來訪者：不好。

諮商師：心情不好，那為了解決這個問題，你想了什麼招數？

來訪者：他下次要是惹我再說，一起跟他算帳。

諮商師：哦，就是最後累積起來一塊算帳。君子報仇，十年不晚。我們模擬一下吧，好不好？好。電話響了，然後你弟弟接電話，喂？

來訪者：我弟弟說，咳，喂，然後……

諮商師：讓爸爸接電話。

來訪者：然後，我就，啊，接電話，然後讓爸爸接電話。我爸爸接了，然後我爸說喂，然後就掛了。

諮商師：然後掛了是吧？好，那繼續打。你知道我現在怎麼想的嗎？

來訪者：又掛了。

諮商師：又掛了，第二次又打了一次，沒接通又掛了。你想沒想過他為什麼掛你的電話？無論他是什麼原因掛電話，反正我們內心是傷心的，是難過的。在我內心最想說話的時候，最需要他的時候，他把電話掛了。爸爸是這兩次直接掛你電話，還是平常也是這樣的？只有這一次是這樣做的嗎？

來訪者：就這一次。

諮商師：哦，平常不是這樣的，就是你打過去電話他會正常說話。

來訪者：他會先掛了，然後再打過來給我。

諮商師：先掛了，然後會打過來給你。是擔心你有事所以還會打回來吧？平時都不是這樣的，這次發生這樣的情況，你覺得爸爸是故意的呢，就是根本就不關心你，還是說只是偶爾的，可能是他有什麼事情呢？

來訪者：肯定是弟弟幹的。

諮商師：哦，肯定是你弟弟從中作梗。你覺得會是什麼原因？

來訪者：我弟弟怕我告狀。

諮商師：怕你告狀，那你說這件事情證明了什麼？能不能證明爸爸故意不接你電話？我覺得不能吧，這不能說明他們平時不關心你。因為你弟弟可能是怕挨罵，怕你告狀，所以就直接掛了電話，會不會是這種情況？可能性很大是吧？那這是你跟弟弟之間的事情，好像也不是爸爸不關心你。那你說說平常跟爸爸溝通的時候，你有想表達的願望，還是可以嘗試一下說出來的，對吧？畢竟這次是特殊情況。

來訪者：因為他說過嘛。我說，我買個髮夾，然後他說你買個屁。

諮商師：誰說的。

來訪者：我爸。

諮商師：你說買個髮夾，他說你的髮夾那麼多了，買個屁！這樣說的是吧？那你心裡面怎麼想的？不願意是吧？

來訪者：還有我說想出去玩，他說忙死了，不能去。

諮商師：你跟他說要出去玩，他說忙死了。有沒有求助過媽媽呢？

來訪者：我爸爸跟我媽媽綁在一條腿上。

諮商師：他們是怎麼回事？

來訪者：我媽媽都聽我爸爸的。

諮商師：哦，媽媽聽爸爸的，他們是一個戰壕的。為什麼你在這樣說的時候，一邊掉眼淚，還一邊笑，這個笑代表什麼？

來訪者：不知道。

諮商師：不知道嗎？是不是覺得好像他們是一邊的，很有力量。聽你這樣說，我心裡覺得挺心疼的。我好像突然特別想站在你這一邊。求助媽媽不行，媽媽跟爸爸站在一邊，弟弟有時候還會欺負你，然後你的力量似乎這個時候不夠了。我這個時候特別想把凳子拉近一點，好不好？我想我們靠得近一點，就是我們在一個戰壕裡，我們站一邊，是不是力量就更大一點？那你現在特別希望我怎麼樣支持你？假如說你今天可以借我的力量，我現在真的有一股衝動想幫助你，可是我又不知道從哪開始，你願不願意跟我說說需要我做什麼，可以幫助到你？比如像我們剛才說的那樣去跟他們溝通，去跟他們交流，你覺得呢？

來訪者：不知道。

諮商師：有一種方法，比如我們嘗試著去爭取我們的權利。弟弟是爸爸媽媽的孩子，你也是爸爸媽媽的孩子，你心裡特別希望他們關愛你，所以就會用自己的方法，一次不行就兩次。你要去表達你的願望，這是一種方法。還有一種方法就是可以讓我單獨地跟你媽媽聊聊，她做的有什麼不到位的，我可以跟她去談。你覺得這些方法能不能採納？可以不可以？

比如：跟你媽媽談談，或者她有的時候確實太忙了，關心不到孩子。就像我小時候一樣，我媽媽根本注意不到我，我就自己在家裡唱歌，在院子裡自己唱，也不管自己唱得好不好，就用力地唱歌，用這樣的方式來表達自己內心的那種願望和情緒。還有，想用生病來引起媽媽的關注，但是我長大了之後才知道，其實那些方法都不是最好的方法，對吧？我們還是要想一個最好的辦法。我此時此刻聽你說，我覺得你眼睛裡流的眼淚都是珍珠，為什麼？就是因為這些眼淚都在表達我們內心的願望，都在訴說著我們內心的需求、我們的想法，它們是一股能量。

換句話說，假如你現在確實有力量了，身上注入了一股強大的力量，你開始有了掌控感，這個掌控感足以讓你想出辦法來，你覺得你會怎麼做？我再跟你舉個例子，我自己在成長中的故事，你還願不願意聽了？願意聽啊。我上國中的時候，特別害怕自己考不上高中，我其實挺有壓力的，我怕我考不好，怕我父母怪我。有一次我看到有一本書，書上寫著，那個時候鄉下的很多孩子，他們都想透過考試到城市裡去，都希望能夠考上大學離開鄉下。那個時候大家都拚命地去讀書，但是有一部分人拚了命也沒有考上大學，這樣一來他們就沒有辦法離開鄉下。

我看到那本書之後就哭了，我當時特別有感受，就拿著這本書回家。我爸爸那個時候生病在家，媽媽在家裡也特別忙，顧不上我。有一天吃飯的時候，我就拿著那本書，我說，我想唸一篇文章給你們聽，你們都得坐下來認認真真地聽。然後我爸爸一看我這麼鄭重其事，說好，那你唸吧。我媽媽在那做飯顧不上，我就說媽媽也得聽，然後我媽媽就過來了，說你這麼正式地說要讀文章，看看你到底讀什麼。

然後我就把那篇文章讀給我爸爸、我媽媽聽，他們在那裡坐著，我自己一邊讀一邊哭，聲情並茂。我記得我當時哭得特別厲害，然後我哭完了之後，我爸爸就說，我知道了，我明白了，你別讀了，也別哭了，沒有關係，如果考不上，我們完全不會怪你，不管怎麼樣都可以。你覺得我是不是達到自己的願望了？我是用這種辦法來進行的。你有沒有嘗試過這樣的辦法？比如：有些孩子跟你一樣，有的文章裡有這樣的類似的想法，你可以把你的爸爸媽媽叫到跟前，去用讀文章的方式，或者是說說心裡話的方式告訴他們你的想法和期盼。有過嗎？

來訪者：有過。

諮商師：有過，什麼時候呢？當時是什麼情況？

來訪者：當時我媽媽氣勢洶洶地要來收我的手機。

諮商師：誰呀？

來訪者：我媽媽。

諮商師：氣勢洶洶地就過來了，要把手機收走。

來訪者：然後我就坐在他們跟前跟他們談。

諮商師：然後你就坐下來跟他們談。

來訪者：談了好多好多，然後她就忘了要收我的手機了。

諮商師：然後怎麼樣，效果是什麼？

來訪者：效果就是沒收我的手機。

諮商師：你當時怎麼說的？

來訪者：我也不知道我說了什麼。

諮商師：忘了？再想想吧，我覺得這個辦法是有效果的，它應該是好用的，對吧？

來訪者：就是因為有效果所以我說出來，然後其他父母就會防著，其他學生就要恨我了。

諮商師：哦，說出來其他父母就會防著你了。

來訪者：就會防著他們的孩子也來這一招，然後其他學生就要恨我了。

諮商師：你怕在座的父母就是防著你的這種方法，是吧？但是，你相信不相信爸爸媽媽，他們其實希望孩子好，希望跟孩子處理好關係。你覺得有沒有？你的爸爸媽媽也是有的，對吧？也是希望跟你處理好關係的。但是為什麼沒有處理好關係？是不是他們這種能力不夠呀？他們還不具備這種能力跟孩子處理好關係，是不是？你覺得有沒有？

來訪者：也有可能是我們不可理喻呀！

諮商師：也許是你們不可理喻，怎麼會這樣想？你說說看，假如這個理由真的成立，會是什麼情況？為什麼會說自己有可能是不可理喻的呢？我還真沒想到。

來訪者：腦子一衝動就想出來了，也有可能啊！

諮商師：有可能腦子一衝動，你指的是你那個辦法是吧？腦子一衝動，就不可理喻，就把自己真實的想法給說出來了。脫口而出，是不是？我剛才說了很多父母，他們可能本身想著跟孩子處理好關係，想讓孩子更好，但是他們可能沒有能力，也沒有更多好的辦法，那如果在這個基礎上，我們把這個辦法說出來，是不是等於教給他們了？他們也可以教給自己的孩子。或者說你也可以教給我，現在我們是一個戰壕的，我們是一個聯盟，你要是告訴我，我可以告訴更多的孩子來幫助他們。

來訪者：並不是所有的母親都跟我媽媽一樣糊里糊塗的。

諮商師：哦，不一定所有的母親都跟你媽媽一樣，看來你媽媽還是比較好的，是吧？你媽媽有的時候還是可以聽你說話的。那從這一點上來說，是不是我們有時候表達得還不夠清楚？你看你說，媽媽還是聽了，對吧？從這一點上我們還是可以做點工作的。來讓媽媽能聽見你更多的心聲，我們可以慢慢試著用自己真實的想法去平和地跟她談，就像我們現在說話這樣。說媽媽我想跟你說說話，問她你願意嗎？你有沒有時間？

來訪者：我想我媽媽應該是願意的，但是我不一定會這樣說。

諮商師：那我們模擬一下，好吧？你現在就模擬你媽媽，我來模擬你，好嗎？媽媽，你什麼時候有空啊？我們說說話吧！

來訪者：現在就有。

諮商師：現在就有啊，那太好了！媽媽我想跟你說，其實這句話憋在我心裡好久了，我不敢說，我怕我說出來你們會不理我。你現在給我時間，我真的特別高興，特別開心。那我跟你說了，我現在就開始說了。媽媽，你和爸爸總是那麼忙，總是顧不上我，我有的時候會想，你們是不是不愛我呀？我其實希望你們多陪伴我一下，多理解我一點點，您覺得能做到嗎？我們商量一下。

來訪者：我還是不希望我爸媽多陪我。

諮商師：好，不希望他們多陪你，剛才你不是覺得他們對你的關愛不夠嗎？那為什麼又不希望他們陪你呢？

來訪者：應該是，想要他們多陪陪我，但是我感覺他們陪著我，我就會很拘束。

諮商師：我明白了，實際上你特別希望他們多陪陪你。可是真正跟他們在一起的時候，似乎不是你想像中的那麼舒服和快樂，你內心想的和爸爸媽媽在一起時的那種開心快樂的感覺，到現在為止，還沒有完全體驗過，對吧？

來訪者：也許小的時候有吧，我忘了。

諮商師：也許小的時候有，現在給忘了。是這樣的，你有沒有見過剛生出來時的小孩有多大？沒有見過嗎？就像電視裡面演的那樣，小孩哇的一聲哭了，然後就出生了，剛出生的小孩一般這麼長，三公斤左右的樣子，特別小。那個時候，小孩什麼都不會做，需要爸爸媽媽照顧，媽媽就會時時抱著孩子，保護自己的孩子。你有沒有見過這樣的場景？就是媽媽抱著孩子，你看見了之後會有什麼感覺？

來訪者：抱不動我吧！

諮商師：現在媽媽抱不動你了，是吧？當時你跟那個小嬰兒一樣小的時候，媽媽一定也是抱著你的，因為不抱孩子是長不大的，你自己太小了，還不會照顧自己。那個時候媽媽整天抱著你，你餓了趕緊餵奶、餵水，稍微長大一點可以吃飯了，也是爸爸媽媽一點一點地餵給你吃，再長大一點你可以自己吃飯了，媽媽還是會一直看著你吃，眼神裡面透露很多的愛，然後你就學會了吃飯，也學會了走路，還學會了說話。你還記得嗎？

來訪者：忘了。

諮商師：忘了啊。實際上我說的意思是什麼？就是每一個小孩都是這樣長大的，都是在爸爸媽媽的擁抱和呵護中成長起來的。後來爸爸媽媽看著孩子慢慢長大了，你覺得他們會怎麼想？比如：孩子上學了，你猜一猜一般的媽媽會怎麼想？

來訪者：解脫了。

諮商師：哈哈，解脫了，為什麼會解脫了？

來訪者：不會再來煩我。

諮商師：我覺得你的猜測有道理，就是媽媽覺得，哎呀，我的孩子真的長大了！我一直盼著孩子長大，現在孩子終於上國小了，他長大了，我終於舒了口氣，不用管了。這個不會煩我的背後是媽媽相信孩子會照顧自己，對不對？是媽媽對孩子的那份信任，對吧？她說她相信她的孩子長大了，你覺得是不是？所以她就說終於可以放手了。小時候，孩子一摔倒媽媽就緊張得不行，然後長大了就不用害怕了，不用擔心孩子會摔倒了，也知道孩子會說話了，會走路了，會表達自己的思想了，會跟小朋友玩了，然後孩子上學了，到時候會背著書包去見老師，會安安分分地坐到教室裡，坐在凳子上聽老師講課。懂事了，所以媽媽就放心了，你覺得我猜得對不對？是這樣的，對吧？你慢慢長大了，你媽媽會不會也是這樣想的？覺得我孩子長大了，那麼懂事，很多時候看到他知道做很多事情，知道心疼爸爸媽媽，是不是我也可以放心了，不用再管他了。媽媽會不會這樣想？你覺得她會不會這樣想？雖然她會這樣想，但是其實我們真的還是需要關愛的，對吧？我們內心需要，因為我們沒有完全長大，我們還沒有到十八歲，對不對？

到了十八歲我們就要上大學，走向社會了，那個時候我們就真的長大了。可是這個時候，我們還在青春期，還是少年，我們有很多事情還不懂，還不知道，有事還是需要和父母商量，不開心的時候還是想坐在他們身邊，對不對？

回家之後坐在他們身邊就覺得安全了、踏實了，其實這些想法他們可能根本就不知道，對不對？在這種情況下，就是我們內心有需求可是他們不知道的時候要怎麼做呢？我們怎麼樣才能讓他們知道？我覺得你上次用的辦法就很好。平常不敢說，真急了就說了，說了就有效果了，對不對？假如說我們現在把這個辦法再優化一點，再比那個好一點，既能達到我們的需求，實現我們內心的想法和願望，同時又不是那種非得到不可理喻，非得憋得我沒辦法的時候，我才能實施的這種辦法，就是我們怎麼樣讓它更有掌控感。

我想有想法的時候我就可以表達。有沒有這樣的？我們是不是可以嘗試著讓它優化一點點，一點點就可以了，對吧？我們以後是不是可以嘗試著不那麼著急，慢慢說，也是可以說得清的。就像我一樣，那個時候把父母叫到跟前，一邊哭一邊讀。你實際上也可以把他們叫到跟前，就像今天你跟我說的這樣，把自己心裡面的想法說出來，想掉眼淚也可以掉出來。爸爸媽媽一定會心疼的，一定會認認真真地去聽的。他們只是認為你長大了，不需要像以前那樣管你了，其實他們都不懂，不懂心理學，你下次就回去跟他們說，你們可以學點心理學，能不能這樣說？也可以這樣說的，是吧？

實際上我這個意思就是說，爸爸媽媽其實也是需要學習的，你不要把他們當成無所不能的，其實他們也需要學習，也需要成長。他們有的地方也不會跟孩子溝通，滿心歡喜地認為孩子長大了，其實孩子有很多想法，他們都不知道。這個時候你都已經長大了，需要你教給他們這個道理，不然等你弟弟長大了，你弟弟有了自己的想法，你爸爸媽媽也在忙，也顧不上弟弟，弟弟是不是也會有自己的心事，也會自己偷偷地掉眼淚，對吧？有些事還是需要你教給他們的，不教給他們怎麼辦？假如讓你給爸爸媽媽打個分，打多少分？滿分我們設置為一百分。給她打八十五分，我覺得這個分還不低，剩下那十五分，是不是她多一點關心，給孩子多一點關愛，這十五分就可以得到了，對不對？你覺得是不是？我們就把這十五分讓她得到。我們教他們做好爸爸好媽媽，好不好？

下一次我們嘗試著安安靜靜地，就像我們說話一樣，安靜地跟他說。他急了，你就跟他說，「為什麼我想跟你說話的時候，你就著急了，怎麼那麼急？你什麼時候不急了，我們再說行不行？」是不是可以這樣？好，我們就達成協議了，行不行？下一次再有心裡話的時候就唱歌，然後把父母叫到跟前，輕輕地跟他們訴說，說心裡話，如果想掉眼淚，就讓它掉出來。有想實現的願望就說出來，但有一種可能就是我們這個願望也不太合理，你覺得有沒有這個可能？這個願望不太合理的時候，我們可以商量，對不對？爸爸媽媽有的時候做的事情也不合理，對吧？是不是他們做的事情也有不合理的時候，也有需要你教他們的時候，對吧？我們實際上是可以商量的，是可以互相幫助的。對吧？

爸爸媽媽希望給孩子打個滿分，孩子也希望給爸爸媽媽打個滿分，在這個過程中，我們有不足，他們也有不足，是不是？我們可以跟他們互相幫助，他們做得不好的時候，實際上你可以說我來幫助你吧，有些地方我覺得你做得還不夠好，我們商量一下。你覺得我用這樣的音量和速度慢慢地說，是不是這個效果有可能會好一些？你覺得是不是？我現在特別想聽你說，你說我教給你這個辦法好不好用，下次要不要嘗試一下？

來訪者：應該挺好用的。

諮商師：能大聲說嗎？

來訪者：我覺得應該挺好用的。

諮商師：覺得應該挺好用的，那好，我們就握握手，然後就開始適應這個辦法，好不好？可以，那就達成聯盟了，好吧？我們今天的談話就到這，好不好？好，謝謝你，謝謝你跟我說心裡話。

三、案例點評

從上面的案例中，我們能看出，首先，區別於家庭輔導、家庭治療，青少年就是一個獨立的來訪者，我們應該把他當成一個完全的個體，他有自己獨立的內心世界，有自己的情緒情感，有自己遇到的困難，他也有自己一直去面對問題的方法和策略。只是說他是一個未成年人，那麼他需要我們更多的關愛和支持，需要外部的配合，但他就是一個獨立的諮商個體。在這場諮商中，我們領略到了諮商師的陪伴和支持。在這次陪伴與支持中，諮商師按照我們青少年輔導的陪伴和支持的這兩個基本的技術，再一次讓我們領略到了這個諮商師在輔導青少年、兒童的時候，他的共情能力、他的積極關注、他的正面回應、他的這種溫暖真誠。這些基本技術都貫穿在整個輔導的過程中，我想我們已經清楚地看到了基本技術的力量。

同時他又用了常規技術，比如模擬演練技術，模擬演練技術在我們很多過去的心理治療技術和流派中都有被應用；還有空椅子技術、心理劇的技術、描述技術等，也就是我們說的設身處地，在原來共情的基礎上，設身處地地去體驗、模擬以及評估；還有聯盟策略。他在這個過程中和當事人建立了一個心理聯盟，透過這種方式在這麼短的時間內盡快地做到諮訪關係的建立，應該說她已經成功地建立了諮商關係。成功地建立諮商關係代表著什麼？就是保證整個溝通過程是真實的，不是阻抗的，而是流暢的，是有情感、有態度、有故事在發生的。而且在這個過程中可以進行建設性的對話以及建設性的行為支持，這都表明了諮商關係已經完全地建立成功了。

那麼在整個的定位上面，我們說青少年心理輔導應該屬於什麼？如果我們非要說它是一個流派，它應該是什麼？我們已經看到了我們以人文主義理念、以人為本的思想為我們的人性觀、我們的價值觀、我們的思想指導。然後我們運用正向心理學的這種策略，結合認知行為運用在諮商過程中，我用的其實就是認知行為療法，但是持有的理念是正向心理學和人文主義的，所以等於說是正向心理學加認知行為，就是你可以簡單地說是積極認知。而我們主張的青少年的工作未來也是這樣的。

所以說，積極認知不試圖改變和否定，不試圖改變現有的當事人的內心的體驗。它不試圖否定來訪者，你來我就尊重你。不試圖改變來訪者現在的認知水準，你的認知水準不夠，我就幫你提高一點。但是它有積極認知的引導，有尊重。諮商師用真心去陪伴，比如自我揭露（self-disclosure），自我揭露技術也是積極認知的一個基本技術的表現。他用真心陪伴，全身心地投入其中，用了自我揭露技術和共情，這都是他的真心陪伴。在這次諮商中，諮商師一直在試圖尋找建設性的方法，帶領來訪者去看到自己可以做一些什麼，這就是認知行為。後現代的認知行為療法，我們可以看到其中有焦點療法的影子，實際上就是積極認知，一直去尋找如何看待自己所遇到的問題。諮商師一直在帶領當事人如何看待自己所遇到的問題，帶領當事人去尋找建設性的方法。尋找「我」可以做一些什麼，而不是探討他們為什麼要這樣。

這就是積極行為、積極認知。諮商師用自我揭露、積極澄清、共情、真誠等一系列的基本技術，而且在這個過程中，共情的水準應該說是比較高的。什麼是高共情水準？就是把自己交出來，真心真意地去感受，並不是說對方想什麼我完全知道，就叫高共情水準。當然這是一個前提，我至少能夠設身處地，感同身受。可是並不代表我就是他，因為客觀上只能是盡量地做到。這裡指的是我們的共情態度，我完完全全地真心地投入進去，在這個過程中我自己也流下眼淚。

比如：這個諮商中，當事人唱歌的時候，說到最讓他喜歡的一首歌，最喜歡的一句歌詞是最後那一句。最後那一句是什麼？我寧願做一個平凡的人。一開始看起來好像我們沒有方向，但是這個時候我們突然之間發現，其實這個案例往真實的方向去走了。一首歌曲，你看這是個切入點，多麼好，你可能會說，這是我們的諮商師碰巧了，不，諮商師在碰到下一個案例的時候，他一樣可以介入，也許不是一首歌了。為什麼？諮商師碰到任何的情況都可以介入進去，原因就是我們準備好了接納一切來訪者的表現。這就是真誠，這就是尊重。只要你有這樣的狀態，那麼來訪者無論他是阻抗的，是被動的，還是嚴重的，或者是輕鬆的，諮商師都能介入進去。大家不要認為下一個再碰到會怎樣，下一個碰到了和這個情況不一樣，但是一樣會達到這樣的效果。

所以說諮商師從一開始說，你現在是怎樣的一種心情，你今天想和我們說什麼，你最關心的一件事情是什麼，你說唱歌，那我們唱一下。唱完後，他抓住這首歌裡的歌詞，最後一句「我寧願做一個平凡的人」，然後在這個過程中就一下子共情進去了。同時我們很多的成年人，我們現場的人也共情進去了。這個就證明了之前我一直講的一個觀點，為什麼迪士尼的電影可以打動很多小孩的心，因為在迪士尼的電影裡，設計了大量關於愛和親情的場景。它把愛和親情放在裡面，作為故事的情節發展，而它大量的臺詞裡的稱呼都是寶貝。「寶貝，無論你怎麼樣，我都會愛你」、「寶貝，你放心，我是這個世界上最支持你的人」。

這跟講自己的經驗一樣，我們的案例中的當事人恰好就是無論我怎麼做，可能爸爸媽媽都不喜歡我，無論我怎麼做，也都不能讓他們真正滿意，所以不如我做一個平凡的人好了。這也是過去我解讀青少年在發展的過程中的次文化，還有宅文化、頹廢文化等文化出現的原因了。

二〇一七年某地區的一份調查顯示，百分之三十四的青少年有自殺的傾向。他們在接受調查量表的時候，其中都有一個共同的回答——如果沒有我，父母過得可能會更好。這些孩子產生了這樣的心理，是我們成人世界的失敗，我們的教育怎麼讓我們的孩子產生了這樣的價值觀？這也是為什麼積極情緒變成青少年輔導的最重要的一個目標，也是首要的方向。

這個案例讓我們更進一步看到了青少年心理工作要轉向，要改革，這個刻不容緩，不能再圍繞幫助家長去改變孩子了，不能再進行所謂的治療了，不能再把孩子當成病人、有問題的人了。我們只有一條路，就是把他們當成要我們關愛的未成年人，我們去陪伴、去支持。我們透過多種技術，我們透過個體、團體，透過家庭教育、家庭治療，透過學校教育，透過社會教育等一系列途徑圍繞他們開展工作。那麼剛才我們演示的是個體的，其實團體中也一樣可以這樣去做，也是基本技術加常規技術，也是在這個過程中陪伴他們，給予他們支持，以塑造其積極的行為。

這裡沒有試圖改變來訪者的認知，只有積極的認知引導，以積極的認知引導讓他看到，我們認為我們做了也不能改變現狀，真的是這樣嗎？實際上我們可以透過溝通改變爸爸媽媽的看法和行為。這樣的認知並不是否定他，而是引導他看到更多的可能性。所以這不是簡單的認知教育，這是積極認知。

四、諮商感受

我們是想幫助這個孩子的。一開始，孩子在半推半就的狀態下上來，上來之後我就問你願意不願意，因為確實是當著這麼多人的面一下子讓孩子打開心扉去說話，我自己覺得這個場合實際上是有點殘忍的。對，有一點，然後當時其實也是想尊重孩子，他願意說就說，不願意說我們就聊聊天、說說話，陪陪孩子，這是我自己一個真實的狀態，真的沒有想試圖達成什麼目的或效果。

因為這些目的，其實是我們自己的想法，不是孩子的需求。如果孩子戰戰兢兢地去表達我們逼出來的東西，那麼我覺得我們的課可能會帶給孩子傷害，在離開之後，我自己會覺得留下很多遺憾，會留下永遠沒有辦法改變的一種不舒服的感覺。

在諮商的過程中，其實我也試圖在努力，前面因為我沒有想要怎麼樣，所以說前面還算順利。直到孩子想唱歌，我就說正好我想起來我青春期的時候也愛唱歌。有時候我真的是那樣的，就是在家裡一邊唱一邊哭，一邊唱一邊笑。我父母對我其實就是這樣的一種教育，他們也忽略我，也是顧不上，我說的全部是真實的，所以那個時候其實我也有很多的煩惱。讓這個孩子坐在我面前一唱起歌，我那時立即就想起我自己了，我就想跟孩子去說一下自己這個真實的情景，再現自己小的時候。後來談到我們試圖想一種辦法去解決爸爸媽媽不關心我們，沒有辦法去溝通的情況，這時孩子的眼淚一直往下掉，我就想著和孩子形成一個聯盟，想個辦法。但是我們一到這個點就卡住了，因為孩子說好像成功不了。

過去一直沒有這種成功的情況，但是後來有一個轉機，說著說著孩子說有一次成功了，那個時候我心裡覺得特別高興，孩子總算有過這樣一次體驗，哪怕是因為當時把孩子逼急了，孩子是喊出來的，但這說明孩子心裡還是有這種能量的。這個時候我就覺得一下子出現轉機了，但轉機之後一會兒又碰壁了，就這樣在迂迴的情況下，最後我們還是達成了一個聯盟，我心裡覺得還算是順利的，也特別感謝大家這段時間的陪伴。

五、重申倫理規範

當今的心理學是講究助人與自助的，所以倫理問題顯得更為重要。該案例中的諮商師一開始已經產生了共情，對這個來訪者感同身受，諮商師已經接納了來訪者，無論來訪者今天如何表現，諮商師都不試圖去侵犯他，不站在高位上去做諮商，從而達到練習的效果，這需要非常謹慎的態度和扎實的功力。

這個案例展現的是在一個公眾場合，我們本著一種不去想要達到什麼效果的想法，給予最真實的反應，想談什麼就談什麼，不想談即使諮商師有能力深入下去，也要保護來訪者的隱私。

所以我也在這裡強調一點，就是我們青少年心理輔導在倫理的設置上，在對青少年的保護上尤其要重視，因為不重視，隨時就有可能違法。這不但是倫理的問題，而且是違法的問題。對婦女兒童的保護，是我們更應該要做到的。

電子書購買　爽讀 APP

國家圖書館出版品預行編目資料

青少年心理學：不被理解的新生代，從發展心理學看青少年行為 / 韋志中，周治瓊 著 . -- 第一版 . -- 臺北市：崧燁文化事業有限公司 , 2024.06
面；　公分
POD 版
ISBN 978-626-394-425-1(平裝)
1.CST: 青少年心理 2.CST: 發展心理學
173.6　　113008179

青少年心理學：不被理解的新生代，從發展心理學看青少年行為

臉書

作　　者：韋志中，周治瓊
責任編輯：高惠娟
發 行 人：黃振庭
出 版 者：崧燁文化事業有限公司
發 行 者：崧燁文化事業有限公司
E-mail：sonbookservice@gmail.com
粉 絲 頁：https://www.facebook.com/sonbookss/
網　　址：https://sonbook.net/
地　　址：台北市中正區重慶南路一段 61 號 8 樓
8F., No.61, Sec. 1, Chongqing S. Rd., Zhongzheng Dist., Taipei City 100, Taiwan
電　　話：(02) 2370-3310　　**傳　　真**：(02) 2388-1990
印　　刷：京峯數位服務有限公司
律師顧問：廣華律師事務所 張珮琦律師

定　　價： 375 元
發行日期： 2024 年 06 月第一版
◎本書以 POD 印製